동북아 평화협력구상

동북아 평화협력구상

인　쇄: 2014년 2월 7일
발　행: 2014년 2월 14일

지은이: 동북아 평화협력구상팀
발행인: 부성옥

발행처: 도서출판 오름
등록번호: 제2-1548호(1993. 5. 11)
주　소: 서울특별시 서초구 서초동 1420-6
전　화: (02) 585-9122, 9123 / 팩　스: (02) 584-7952
E-mail: oruem9123@naver.com
URL: http://www.oruem.co.kr

ISBN　978-89-7778-417-8　　93340

* 잘못된 책은 교환해 드립니다.
* 값은 뒤표지에 있습니다.

이 도서의 국립중앙도서관 출판시도서목록(CIP)은 서지정보유통지원시스템
홈페이지(http://seoji.nl.go.kr)와 국가자료공동목록시스템(http://www.nl.go.
kr/kolisnet)에서 이용하실 수 있습니다. (CIP제어번호: CIP2014003060)

동북아 평화협력구상

동북아 평화협력구상팀 지음

Northeast Asia Peace and Cooperation Initiative

Northeast Asia Peace and Cooperation Initiative Team

ORUEM Publishing House
Seoul, Korea
2014

머리말

  박근혜 대통령은 동북아 지역에서 화해와 협력의 역내질서를 정착시키기 위해 동북아 평화협력구상을 추진하고 있다. 박 정부의 동북아 평화협력구상은 역내 국가 간 경제적 상호의존의 증가와 협력 확대에도 불구하고 정치·안보 분야에서의 갈등과 대립이 지속되고 있는 '아시아 패러독스Asia Paradox'를 극복하는 방안으로 제시되었다. 신뢰위기에 직면한 동북아의 딜레마를 풀어나가기 위해 협력과 대화의 습관 및 관행을 축적하여 신뢰의 인프라를 구축해 나가겠다는 것이 바로 동북아 평화협력구상이다.

  동북아 평화협력구상은 다자안보협력의 경험이 일천한 동북아 지역의 현실을 감안하여 환경, 기후변화, 핵안보 등의 연성안보soft security

이슈를 중심으로 한 협력의 습관과 신뢰를 배양하여 점진적으로 경성안보hard security 이슈로의 전이와 확산을 목표로 하고 있다.

박 정부의 동북아 평화협력구상이 기존의 구상과 다른 점은 첫째, 힘의 논리가 아닌 상호 신뢰와 존중을 바탕으로 하여 새로운 질서·규범·습관·정체성을 확립해 나가는 과정을 중요시한다는 점이다. 기존의 파워나 이익을 중시한 협력보다는 협력에 대한 신뢰의 기반을 만들어 가겠다는 것이다.

둘째, 동북아 평화협력구상은 북한의 건설적인 변화를 일차적인 목표로 삼는 것은 아니지만 북한의 변화를 이끌어 내겠다는 것이 기본적인 전제로 되어 있다. 지금까지 한국의 동북아 평화협력구상이 직접적인 북한 문제 해결에 집중하였다고 한다면 동북아 역내의 다자간 협력을 통해 원거리에서 북한의 변화를 모색하겠다는 새로운 전략을 선택하고 있다.

셋째, 지금까지의 단선적인 정부 간 협력의 틀을 넘어 다양한 분야와 차원에서 비국가 행위자non-state actors가 협의와 협력을 모색함으로써 새로운 동북아시대의 복합적인 협력 네트워크와 문화를 만들어 나가는 것을 지향하고 있다.

문제는 아무리 좋은 구상이라고 할지라도 이를 만들어갈 수 있는 한국의 실천의지와 능력이 중요하다. 대선공약이라고 하더라도 대통령이 적극적인 실천 의지를 가지지 않는다면 그 구상은 흐지부지되게 마련이다. 그러나 박근혜 대통령은 미국, 중국, 러시아 등 정상과 만날 때마다 동북아 평화협력구상을 소개하면서 지지를 호소하고 있다. 이를 보면 박 대통령의 추진의지는 충분히 있다고 판단할 수 있다. 2013년 9월 척 헤이글 국방장관과 만난 자리에서 박 대통령이 동북아 평화협력구상에 대해 언급한 사례만 보더라도 그 열의를 짐작할 수 있다.

그렇다면 정부가 얼마만큼 외교적인 역량을 잘 발휘할 수 있느냐가 남은 과제이다. 그렇다고 과시적인 성과를 내기 위해서 '제도화(정상회담 정례화 등)'를 너무 강조할 경우 관련국들의 경계심을 유발해 오히려 역효과가 우려된다. 예를 들어, 노무현 정부는 처음부터 동북아 다자안보협력 제도화(예를 들면, 정상회담)를 적극 추진하였다. 노무현 정부의 구상은 의욕적이긴 했지만 주요국들의 호응 미흡과 동북아 균형자론에 대한 경계심 때문에 보다 구체적인 실천으로 이어지지 못했다. 이런 점을 감안한다면 동북아 평화협력구상은 핵안전(방사능 오염), 청정 하늘blue sky, 인구문제(노령화 대책)와 관련된 구체적이고 실질적인 프로젝트에서 자연스럽게 시작되어야 한다.

현 단계에서는 쉬운 것, 기능주의적 이슈부터 출발하는 전략을 택하고 있지만 중장기적으로는 역내 주요국들 최고위 정책결정자들의 정치·전략적 결단과 책임이 뒷받침되어야 할 것이다. 동북아 평화협력구상은 한국이 주창한 구상이지만, 한국만의 구상이라는 인상에서 탈피해야 한다. 동북아 지역의 공통된 이슈는 어느 특정한 국가나 일부 국가만의 노력으로 보장될 수 없으며 구성원들이 책임을 공유한다는 책임공유 responsibility sharing의 정신이 존재할 때 가능하다. 과거 여러 사례들을 보면 각국이 문제의식은 공유하였지만, 책임의식이 뒷받침되지 않아 실패한 경우가 많다.

예를 들면, 일본의 하토야마의 동아시아 공동체 구상은 일본의 국가전략으로 인식되어 결국 역사 속으로 사라지고 말았다. 따라서 중장기적으로는 비전, 선언 중심의 톱다운top-town 방식인 최고위급 대화와 실무 차원의 투트랙two track 접근을 통해 각국이 책임을 공유할 수 있는 상황을 만들어야 할 것이다.

본 연구는 박근혜 정부의 동북아 평화협력구상이 실현성을 띠면서 동북아에 정착될 수 있도록 하려는 마음에서 출발하였다. 동북아 평화협력구상팀은 외교 정책과 미국, 중국, 일본, 그리고 러시아 전문가들이 모여 박근혜 정부의 동북아 평화협력구상에 대한 이론적인 구상과 실천적 과제를 제시하고자 하였다. 동북아 평화협력구상팀은 6월부터 공동 연구를 시작하여 8월에는 2박 3일에 걸친 워크숍을 실시하여 그 내용과 토대를 마련할 수 있었다. 이때 참가했던 문승현 북미국장과 많은 정부관계자들이 우리의 내용을 더욱더 충실히 해 주는 데 많은 도움을 주었다.

그리고 중간성과의 일환으로 9월에 세종국가전략포럼에서 발표를 하게 되어 국내외 전문가들과 토론을 할 수 있는 기회를 가졌으며, 그 논의를 토대로 동북아 평화협력구상은 더욱더 풍부해질 수 있었다. 이후에도 동북아 평화협력구상팀의 내부 세미나를 전개하여 그 내용과 정책 제언을 더욱더 발전시켜 늦어나마 올해 초에 책으로 발간하게 되었다.

그동안 동북아 평화협력구상팀에 참여해준 이정민 연세대 교수, 최강 아산정책연구원 부원장, 전성훈 통일연구원 원장, 유현석 국제교류재단 이사장, 이상현 세종연구소 안보연구실장, 한석희 연세대 교수, 권원순 한국외대 교수, 박인휘 이화여대 교수의 뜨거운 열정과 노력이 있었기에 이 책이 출간할 수 있었고, 이들의 노고에 감사를 드린다. 이와 함께 이 연구가 가능하게 많은 지원을 아끼지 않았던 윤병세 외교부장관과 신범철 정책기획관, 문승현 북미국장, 박준용 동북아국장, 이상덕 동북아국심의관 등 많은 정부관계자들에게 감사를 드린다. 또한 동북아 평화협력구상을 함께 고민하여 많은 논의를 해준 국내의 토론자들과 발표자들에게 이 자리를 빌어 다시 한번 감사를 드린다. 그리고 이 책이 나오도록 많은 노력을 해준 심유진 조교와 양정아 조교에게도 감사를 드린다.

2014년 1월

세종연구소 일본연구센터장

진창수

차례

제1부

동북아 평화협력구상의
철학과 특징

제1장

동북아 평화협력구상의 배경과 목표

Ⅰ. 동북아 평화협력구상의 배경

동북아 평화협력구상은 박근혜 정부 외교 정책의 근간인 신뢰외교trust politik를 동북아 차원에서 구현하고자 하는 외교 구상이다. 동북아 평화협력구상이 가지고 있는 근본적인 문제의식은 동북아 지역의 양자간 관계가 신뢰를 바탕으로 하지 못하고 있으며 신뢰가 부재한 상태에서는 이 지역에서의 경제적 협력과 그 성과들도 지속될 수 없고 쉽게 무너질 수 있다는 생각이다. "신뢰에 기반한 새로운 동북아의 실현"이 동북아 평화협력구상의 근본적 목표이다.

박근혜 정부의 외교 정책에서 동북아 평화협력구상이 중요성을 갖는 또 하나의 이유는 이것이 한반도의 평화와 안정 그리고 통일이라는 목표와 직결되어 있기 때문이다. 박근혜 대통령은 한반도와 동북아, 그리고 유라시아, 나아가서 세계의 평화와 안정 나아가서 번영이 유기적으로 연결되어 있다는 인식을 가지고 있다. 한반도와 동북아는 평화와 안정이라는 측면에서 별개가 아니라 한반도의 평화와 안정을 위해서는 동북아의 평화와 안정이 매우 중요하다는 것이다. 즉 한반도 문제는 한반도 차원을 넘어서서 동북아, 동아시아, 나아가 글로벌 차원의 문제로 인식하고 접근해야 한다는 것이다.

다시 말해 한반도 신뢰프로세스와 동북아 평화협력구상은 신뢰외교의 두 축이며 서로 상호강화의 관계에 있기 때문에 우리는 한반도 신뢰프로세스와 함께 동북아 평화협력구상을 통해 한반도에서의 평화와 안정을 도모할 수 있는 것이다. 더 나아가서 동북아의 평화와 안정, 그리고 양자간 관계의 안정이 유라시아 구상Eurasia Initiative이 현실화되는데도 반드시 필요하다. 동북아의 협력적 관계 없이 동북아와 유럽을 연결하는 유라시아 구상은 실현되기 어렵다.

남북관계의 발전과 통일에 있어서도 동북아의 평화와 협력은 중요하다. 동북아의 양자간 관계가 불신과 대결의 구도에서는 한국 역시 그러한 대결 구도에 함몰될 수밖에 없고, 남북관계 역시 불안정이 증가할 수밖에 없기에 최악의 경우 신냉전적 대결 구도 속에 빠져들 수밖에 없다는 것이다. 남북관계의 안정적 발전과 실질적 통일기반을 마련하기 위해서는 남북관계 차원의 노력도 중요하지만 남북관계의 중요한 대외적 환경인 동북아 지역의 평화와 안정, 그리고 협력적 분위기를 만드는 것도 그에 못지 않게 중요하다는 것이 동북아 평화협력구상의 기본인식이다.

그렇다면 아시아 패러독스를 극복하고 신뢰에 기반한 동북아 국제관계를 만들기 위한 방법은 무엇인가? 동북아 평화협력구상은 박근혜 정부의 대외 정책의 근간인 신뢰외교를 동북아 차원에서 구현하는 것이기 때문에 동북아 차원에서 신뢰를 만드는 것으로부터 시작하고 있다. 가장 중요한 것은 동북아 국가들 사이에 협력의 문화를 만드는 것이다. 협력의 문화는 지도자들 사이에도 형성될 수 있고, 국민 차원에서도 만들어질 수 있다. 협력의 문화를 만들기 위한 첫걸음 역시 동북아 국가들 사이의 신뢰형성이다. 이러한 점에서 박근혜 대통령은 동북아에서의 역사문제를 해결해야 한다는 것을 강조하고 있다. 아시아 패러독스의 근저에는 상이한 역사인식으로 인한 불신과 갈등이 존재하고 있으며, 이 문제의 해결 없이는 동북아 국가 간에 신뢰에 기반한 협력관계는 만들어질 수 없다.

이러한 인식을 바탕으로 박근혜 대통령은 대통령후보 시절의 외교정책 구상(2012년 10월 15일, 한중일 국제회의)에서 동북아 국가들 간의 대화해grand reconciliation와 책임있는 동북아, 그리고 한중일 트로이카 협력을 제안한 바 있다. 이러한 한중일 간의 역사인식의 공유와 화해, 그리고 협력은 동북아 평화협력구상 실현의 핵심적 토대가 되는 것이다. 동북아 평화협력구상에서 가장 중요한 것은 대화를 통한 한중일 3국 간의 역사인식의 공유이다. 박근혜 대통령이 지속적으로 역사인식 문제를 강조하는 것은 이것이 단순히 동북아 양자관계의 근본적 걸림돌을 제거하는 것을 넘어서 동북아가 성취한 경제적 협력과 성과를 지속하고 지역 평화, 나아가서 세계 평화에 기여할 수 있는 출발점이기 때문이다.

1. 다자 메커니즘의 제안 배경

동북아에서의 평화와 협력을 만들기 위한 방안으로서의 동북아 평화협력구상은 다자협력 메커니즘을 제시하고 있다. 이러한 제안은 역사적으로 갈등과 분쟁을 경험했던 유럽이 유럽 스스로의 협력의 과정을 통해 오늘 날의 유럽공동체를 만든 것에서 큰 시사점을 얻은 것이다. 특히 상호불신과 대결이 최고조에 이르렀던 냉전 기간 동안 동서 양 진영이 협력을 이루어갔던 헬싱키 프로세스의 경험이, 갈등과 분쟁의 역사를 경험한 동북아에서 협력을 만들어내는 데 시사점을 줄 수 있을 것이라는 점이다.

이와 함께 다자 메커니즘은 동북아의 많은 현안들을 다자적 차원에서 대응해야 하는 현실에서 동북아 국가간 협력을 촉진할 수 있는 가장 적당한 형태의 틀이 될 것이라는 인식을 가지고 있다. 다행스럽게 다자 메커니즘에 대해 이미 지역의 주요 국가들이 그 필요성을 인식하고 이와 관련한 제안들을 해 왔으며, 이러한 다자 메커니즘을 통해서 미국과 같은 국가들 역시 동북아 협력에 무리없이 참여할 수 있을 것이다. 다자 메커니즘은 필요에 따라 참여자들을 추가할 수 있는 제도적

이해관계를 공유하는 국가들이 참여하여 신뢰구축과 경제·사회협력, 인간안보 협력을 추진하는 헬싱키 프로세스의 모델의 특성을 동북아의 현실에 맞추어 적용하려는 것이 동북아 평화협력구상이다.

디자인을 구성할 수 있으며, 그를 통해 아젠다의 측면에서 또 지리적으로 보다 포괄적인 협력체로 발전할 수 있는 가능성을 열수 있을 것이다.

그렇지만 동북아 평화협력구상은 과거 유럽의 헬싱키 프로세스가 작금의 동북아에서 그대로 적용될 수 있다는 생각에 기반하고 있는 것은 아니다. 다만 헬싱키 프로세스가 줄 수 있는 교훈을 발굴하여 동북아에 적용하는 수준에서 헬싱키 프로세스를 참고하고 있다. 이해관계를 공유하는 국가들이 참여하여 신뢰구축과 경제·사회협력, 인간안보 협력을 추진하는 헬싱키 프로세스의 모델의 특성을 동북아의 현실에 맞추어 적용하려는 것이 동북아 평화협력구상이다.

2. 동북아 평화협력구상 실현가능성의 극대화:
기능주의를 넘어서서

　　　　　동북아는 진정한 의미의 다자주의를 경험하지 못했다. 양자간 관계를 근간으로 한 동북아의 질서는 다자협력체의 형성 자체를 어렵게 하였다. 상호불신과 억지력을 통한 평화라는 현실주의적 안보관이 지배하고 있는 동북아에서 다자적 평화협력체를 만드는 일은 결코 쉬운 일은 아니다.

　이러한 인식하에 동북아 평화협력구상은 지역의 모든 국가들이 관심을 가지고 있고 협력을 통해 성과를 낼 수 있는 현안들을 발굴하여 그를 위한 협력을 시작으로 상호간의 신뢰를 구축하는 점진적 접근을 채택하였다. 그렇게 함으로써 동북아 평화협력구상의 실천을 통해 동북아, 나아가 동아시아에서 협력의 습관과 문화가 정착되어 안보문제와 같은 민감한 문제들이 보다 원활하게 다루어질 수 있는 환경을 만드는 것이 동북아 평화협력구상이 추구하는 목표이다. 즉 지역의 안보현안이나 영토 문제 등과 관련하여 과거의 기능주의적 접근과는 달리 경제적·인간안보적 이슈들을 통한 협력을 포함하는 다자 메커니즘으로 발전되어야 한다는 것이다.

Ⅱ. 동북아 평화협력구상의 주요 내용

　　　　　박근혜 정부는 '신뢰외교'라는 명제하에 대외 정책 주요 과제의 하나로 '동북아 평화협력구상'을 선정하였다. 동북아 평화협력구상은 역내 국가 간 경제적 상호의존의 증가와 협력확대에도 불구하고 정치·안보분야에서의 갈등과 대립이 지속되고 있는 '아시아 패러독스'를 극복하는 방안으로 제시되었다.

　동북아 평화협력구상은 구성원 혹은 참여국과 관련하여 미국을 포함한 일본, 중국, 러시아, 몽골 등 역내 모든 국가들의 참여를 전제로 하고 있으며, 유럽이나 동남아 국가들과 같은 역외 국가들의 참여와 협력의 가능성도 열어두고 있다는 점에서 '배타적 지역협력exclusive closed regional cooperation'이 아닌 '열린 지역협력inclusive open regional cooperation'의 성격을 지향하고 있다. 또한 다자안보대화와 협력이 지체되는 것을 방지하기 위해 북한 참여에 대한 문호는 열어 둔 상태로 시작하는 것으로 제안되었다. 이는 과거 다자안보협의나 협력에 관한 논의와 제안들이 북한을 포함한 역내 모든 국가가 동시에 참여하는 것을 전제로 하였던 것과는 차이가 있으며, 북한 문제로 인해 다자협력과 관련된 진전이 이루어 질 수 없었다는 점을 인식하고 그러한 실패를 반복하지 않겠다는 의지를 담고 있다고 평가된다.

의제와 관련하여 다자안보협력의 경험이 일천한 동북아 지역의 현실을 감안하여 군비통제나 군축과 같은 전통적인 안보 문제보다는 21세기에 들어서 그 중요성이 부상하고 있고 다수의 국가와 구성원들에게 영향을 미치고 있는 다음과 같은 이슈들에 초점을 맞추고 있다. 즉 초국가적 범죄transnational crime, 환경, 기후변화, 에너지, 재해·재난, 질병, 핵안보, 사이버 테러 등과 같은 비전통적이고 초국가적인 이슈, 즉 연성안보soft security 이슈에 대한 협의와 협력에 우선순위를 두고 이러한 이슈를 중심으로 한 협력의 습관과 신뢰를 배양하여 점진적으로 경성안보hard security 이슈로의 전이와 확산을 목표로 하고 있다.

요컨대 연성안보 문제를 중심으로 한 기능적 협력을 통해 역내 구성원들 간에 존재하는 불신과 의혹의 벽을 넘어 서로에 대한 신뢰를 쌓고 협력의 범위를 점차 확대함으로써 다층적multi-level·다원적multi-dimension 차원에서 신뢰의 문화, 협력의 습관 그리고 새로운 지역정체성identity을 확립하고 궁극적으로 동북아 지역 내에서 지속가능한 평화와 안정, 그리고 번영의 틀과 기초를 만드는 것을 목표로 하고 있다.

동북아 평화협력구상은 현재 상황을 안정적으로 유지하고 관리하는 것에 목표를 두는 것이 아니라 새로운 협력의 틀과 질서를 만들어 나가는 것을 목표로 하고 있다는 점에서 유럽에서의 헬싱키 프로세스와는 구별된다고 볼 수 있다. 또한 새로운 규범과 질서를 만들어

가기 위해 요구되는 핵심적인 요건으로의 신뢰가 강조되고 있는데, 동북아 평화협력구상에서 신뢰가 의미하는 바는 특정한 군사적 투명성과 공개성 제고 조치를 중심으로 강제적으로 현상을 안정되게 유지하려는 '군사적·기능적 신뢰military confidence'를 넘어서 보다 광범위한 범위에서의 서로 간의 '믿음trust'을 의미하는 것으로서, 인식의 공감대common cognitive element를 확장하고 비전을 공유common vision하여 미래를 같이 개척해 나간다는 취지를 담고 있는 것으로 해석할 수 있다. 즉 동북아 평화협력구상은 특정한 기술적·기능적 조치에 바탕을 두는 것이 아니라 협력에 관한 인식의 기초를 다지고 신뢰의 문화를 만들어 간다는 특성을 가지고 있다.

동북아 평화협력구상은 현재 상황을 안정적으로 유지하고 관리하는 것에 목표를 두는 것이 아니라 새로운 협력의 틀과 질서를 만들어 나가는 것을 목표로 하고 있다는 점에서 유럽에서의 헬싱키 프로세스와는 구별된다고 볼 수 있다.

III. 동북아 평화협력구상의 특성 및 지향점

　　　　　　동북아 평화협력구상은 당면한 안보현안에 대한 해결과 대응을 모색하는 것이 아니라 다양한 역내 구성원들 간의 신뢰의 문화, 협력의 습관, 그리고 새로운 정체성 확립을 통해 새로운 협력의 틀과 기초를 만들어 나가는 것을 목표로 하고 있다. 구체적으로 동북아 평화협력구상은 보편적 가치에 기초한 새로운 규범 창출, 균형된 이익의 배분을 통한 선순환적 관계와 책임과 권리가 공유되는 관계 지향, 힘이 아닌 신뢰와 상호존중을 지향하는 관계 구축, 공동안보·협력안보·포괄안보를 지향함으로써 과거를 넘어 미래로 나가는 것을 지향한다고 하겠다.

　첫 번째로, 동북아 평화협력구상은 힘의 균형이 아닌 보편적 가치 구현을 통해 동북아 지역 구성원 모두가 행복한 상태를 지향한다는 점이다. 즉 자유, 민주주의, 인권, 시장경제 등과 같은 가치가 구현될 수 있는 상황을 지향하는 것으로써 단순한 이익을 중심으로 협력하는 것을 넘어서고자 하는 의지가 반영되어 있다. 물론 이러한 가치에 관해서 일부 구성원들은 이견을 가지고 있을 수도 있다. 그러나 자유, 민주주의, 인권과 같은 가치는 보편성을 가지고 있다는 측면에서 어떠한 구성원도 부정하거나 반대할 수 없을 것이다. 문제는 이러한 보편적 가치와 동북아의 특성을 어떻게 접합하여 지역 특성과 여건에 부합하는 실행적 규범을 만드는가 하는 것이다.

두 번째, 어느 특정 국가에 편중되지 않고 지역 구성원 모두가 책임을 공유하고 이익을 균형되게 향유할 수 있는 윈-윈win-win 상태를 지향한다는 점이다. 책임과 이익 간 균형이 이루어진 상황을 통해 무임승차의 가능성을 최소화하면서 공동책임을 확장시켜 역내 국가 간 관계에서 공통분모를 확장하고 발전시켜 나간다는 것으로 해석할 수 있다. 동북아 지역 평화와 번영은 어느 특정한 국가나 일부 국가만의 노력으로 보장될 수 없으며 구성원들은 책임을 함께한다는 책임공유responsibility sharing의 정신이 기저에 존재할 때 가능하다. 따라서 구성원 상호가 배타적 이익 추구가 아닌 협력적 이익 추구의 정신과 틀을 가지고 공동 이익 부분을 확대하고 이익의 절대량을 증가시켜 나가야 한다. 동시에 이를 구현함에 있어서 책임의 적정한 분할과 분배, 그리고 참여를 통해 공동체를 지향해 나가야 한다. 요컨대 동북아 평화협력구상은 '지역 공공재regional commons'를 중심으로 역내 구성원들이 공평하게 책임과 이익을 공유하는 넌-제로섬non-zero sum 관계 구축을 지향하는 것이다. 문제는 공평한 분담을 설정하는 것에 있을 것이다. 역내 국가 간 국력 격차를 고려하며 접근하여 무임승차가 없도록 공통의 책임의식을 배양하는 것이 필요하다.

동북아 평화협력구상의 세 번째 특성이자 지향점은 물리적 힘이나 힘의 논리가 현상과 국가 간 관계를 규정하고 지배하는 것이 아니라,

상호 신뢰와 존중을 바탕으로 하여 협의와 합의를 통해 새로운 질서·규범·습관·정체성을 확립해 나가는 과정을 상정하고 있다는 점이다. 나아가 협력을 위한 인식의 기반을 공고히 하는 것을 목표로 하고 있다고 할 수 있다. 따라서 어느 한쪽의 생각이나 목표를 상대방에 대해 강요하는 것이 아니라 새로운 시대적 상황과 여건에 부합하는 새로운 협력의 틀과 규범을 같이 만들어 나가는 과정에의 협력을 지향하고 있다. 따라서 다양한 차원에서 보다 많은 접촉과 대화를 통해 서로의 의혹과 오해를 불식하고 공동의 인식을 확장시켜 나감으로써 신뢰를 구축하여 협력의 기반을 강화하고자 함을 지향한다. 이러한 차원에서 특정 문제에 대한 기능적 협력을 넘어 신뢰에 기초한 협력을 지향함으로써 인식적 기반을 공고히 하고 정책의 연속성과 확장성을 보장할 수 있을 것으로 기대된다. 즉 협력 그 자체보다는 협력의 인식적 기초를 강화하는 것을 지향한다는 점에 유의해야 할 것이다.

네 번째는 동북아 평화협력구상은 과거를 극복하고 현재를 넘어 미래로 나아가기 위한 구상이라는 점이다. 동북아 지역은 아직도 과거의 굴레를 벗어나지 못하고 있는 상황이며 오히려 과거가 미래로의 진전

> 물리적 힘이나 힘의 논리가 현상과 국가 간 관계를 규정하고 지배하는 것이 아니라, 상호 신뢰와 존중을 바탕으로 하여 협의와 합의를 통해 새로운 질서·규범·습관·정체성을 확립해 나가는 과정을 상정하고 있다는 점이다.

을 가로막고 있는 상황에 놓여 있다고 하겠다. 즉 과거의 국가간 관계가 규정되고 제약되었던 것을 극복하고 공존·공영의 미래를 위해 국가간·주요 행위자간 협력을 증진해 나가는 구상이라고 해석할 수 있으며, 단순한 현상의 안정적 유지·관리를 넘어 평화와 번영의 새로운 질서를 만드는 것을 목표로 한다. 이를 위해서는 어떠한 상황을 '바람직한 최종적 목표desirable end state'로 하고 있는지에 대한 비전이 제시되어야 하는데 이 부분은 아직까지 명확히 제시되지 못하고 있다. 이러한 면에서 동북아 평화협력구상은 아직도 미완의 구상이라는 점을 의미한다. 그러나 다른 한편에서 과정이라는 의미를 부각시킬 경우 최종상황에 대한 불합치로 인해 발생할 수 있는 장애요인을 우회할 수 있는 방편으로도 해석할 수 있다. 즉 과정을 통해, 서로가 협의를 통해, 의도를 파악하고 합의할 수 있는 부분을 확인하는 과정을 통해, 상황을 규정하기보다는 공동의 규범과 행동양식을 만들어 나간다는 차원에서 의미와 중요성을 찾을 수 있을 것이다. 즉 과정을 통해 협력의 틀과 형상을 만들어 나가는 접근을 고려하고 있다는 해석도 가능하다고 하겠다.

다섯 번째로, 동북아 평화협력구상의 특성 중 하나는 동북아 평화협력구상이 가지고 있는 안보에 대한 개념이 기존의 전통적인 개념과는 다르다는 것이다. 물론 이미 공동안보, 협력안보, 포괄안보라는 용어와 개념이 우리에게 잘 알려져 있고, 과거 정부들도 이러한 개념을 도입하여 사용하기도 하였다. 동북아 평화협력구상을 강구함에 있어서 박근혜 정부도 변화된 상황과 도전의 특성을 고려하여 안보의 영역을 확대하여 전통안보와 비전통안보를 포함하는 포괄안보를 지향하고 있으며, 또한 역내 구성원 모두에게 영향을 미치는 문제를 중심으로 협력을 추진하겠다는 점에서 공동안보를 상정하고 있으며, 구성원들의 책임과 기여를 강조하고 있다는 점에서 협력안보에 기초하고 있다고 하겠다. 좀 더 나아가 안보의 다양한 측면이 서로 결합되고 해결에서의 수단과 방법이 융합하여 효과를 발휘하며 제로섬zero-sum이 아닌 넌-제로섬의 상태를 지향한다는 측면에서 이러한 개념을 복합안보라는 새로운 개념으로 발전시킬 수 있는 가능성과 확장성도 가지고 있다고 판단된다.

마지막으로 박근혜 정부가 구상하고 있는 동북아 평화협력구상은 국가나 정부 중심의 협력에 국한하지 않고 비국가 행위자들non-state actors과 여러 차원과 다양한 분야에서 협력을 모색하며 같이 나아간다는 점을 담고 있다. 이는 21세기에 들어서 다양한 행위자들의 역할이 중요하고 정부 간 협력을 선도하거나 촉진하는 역할을 할 수 있다는 점을 고려한 것으로 판단된다. 즉 동북아 평화협력구상은 단선적인 정부 간 협력의 틀을 넘어 다양한 분야와 차원에서 여러 행위자가 협의와 협력을 모색함으로써 새로운 동북아 시대의 복합적인 협력 네트워크와 문화를 만들어 나가는 것을 지향하고 있다고 평가할 수 있다.

이러한 점들을 고려하여 박근혜 정부가 추진하고자 하는 동북아 평화협력구상을 다음과 같이 정의할 수 있을 것이다.

> "박근혜 정부가 추구하는 동북아 평화협력구상은 동북아 지역에서 힘의 논리가 작용하고 과거가 미래를 지배하는 것이 아닌 보편적 가치와 규범에 기초한 비전 공유를 통해 다층·다원·다자 협력을 확대하여 성찰과 배려, 신뢰와 상호 존중의 문화와 습관을 배양하는 것이다. 그리고 모두가 공감하고 존중하는 규범을 만들어 가며, 공동 이익 창출과 책임 공유의 관계 구축을 통해 21세기의 주역이 되는 새로운 동북아를 만들어 가는 것을 지향함으로써 역내 안정성과 발전 가능성을 제고하는 한편, 북한 문제 해결에도 기여하는 것이다."

IV. 동북아 평화협력구상의 추진 여건과 함의

과거의 사례나 경험에 비추어 이러한 동북아 평화협력구상의 실현이 과연 가능할 것인지에 대해 논란이나 의문이 있을 수 있다. 전반적으로 동북아 평화협력구상을 추진하는 여건은 과거 어느 때보다 좋다고 평가할 수 있다. 그러나 다른 한편에서 볼 때, 다수의 제약요인이 있다는 점에도 유의할 필요가 있다.

우선 과거 어느 때보다 국제사회가 한국에 대해 높은 기대와 평가를 가지고 있다는 점을 지적할 수 있다. 국제사회와 지역사회에서의 한국의 위상이 지속적으로 상승하여 왔고, 이와 병행하여 한국의 역할에 대한 기대감도 증가하였다. 물론 한국에 대한 평가와 기대감의 상승은 부담이기도 하지만 자산으로 활용할 수 있는 부분이 더 크다고 하겠다. 지난 10년간 한국의 국제적 위상이 지속적으로 상승하고 다양한 분야에서 외연도 확장됨에 따라 한국 — 글로벌 코리아 — 에 대한 친밀도와 호응도가 상대적으로 증가한 것으로 평가된다. 즉 원조를 받던 국가에서 원조를 주는 국가로 전환된 유일한 경우이자, 산업화와 민주화를 성공적으로 이루어낸 한국은 많은 개발도상국들에게는 '롤 모델role model'이 되고 있고 친구로 다가갈 수 있는 가능성이 증가하였음을 의미한다. 이러한 인지도와 기대감의 상승은 한국이 추진하고자 하는 외교적 구상과 담론에 대한 호응도를 높게 하고 실현 가능성을 높이는 요인으로 작용할 것이라고 기대할 수 있다.

그러나 다른 한편으로 일부 부정적인 요소나 요인이 있다는 점도 고려해야 한다. 일부에서는 한국이 아직도 한반도를 넘어선 지역 및 문제에 대해서는 선도하기보다는 따라

동북아를 포함한 동아시아의 전략적 중요성 증가이다. 향후 동북아를 포함한 동아시아 지역이 세계 정치·안보·경제에서 차지하는 비중과 전략적 중요성이 지속적으로 증가하고 주요국들 경쟁 무대로 등장하고 있다.

가는 수준에 머물고 있다는 인식도 존재하고 있다. 양자관계에 치중한 나머지 다자관계에 대한 이해와 관심이 상대적으로 미흡하다는 평가는 물론 미래보다는 과거에 치중하고 있다는 인상을 주고 있기도 하다. 행동보다는 아직도 수사적 차원에 머물고 있다는 점 등이 대표적인 부정적인 요인이라고 볼 수 있다. 역설적으로 이러한 부정적 요소를 극복하기 위한 방안으로 동북아 평화협력구상이 역할을 할 수 있는 부분도 있을 것이다.

두 번째 특성은 동북아를 포함한 동아시아의 전략적 중요성 증가이다. 향후 동북아를 포함한 동아시아 지역이 세계 정치·안보·경제에서 차지하는 비중과 전략적 중요성이 지속적으로 증가하고 주요국들 경쟁 무대로 등장하고 있다는 점은 이 지역에 자리하고 있는 한국이 새로운 역할을 모색하고 자리매김을 할 수 있는 환경이 조성되고 있음을 의미한다. 즉 세계 정치·경제의 중심이 대서양연안국trans-Atlantic 축에서 태평양연안국trans-Pacific 축으로 이동함에 따라 한국에게는 새로운 기회의 창window of opportunity이 열리게 될 것이라는 점이다.

동아시아 지역의 중요성이 증가함에 따라 역내 국가는 물론 역외 국가들의 관심과 접근도 증가함과 동시에 지역 간 연동 및 연계성도 증가하며 경쟁의 새로운 무대로 등장하고 있다. 역내 국가들 간의 이합집산이 매우 복잡하게 진행되고 전략적 유동성 및 가변성이 증가하는 추세는 지속될 것으로 전망된다. 따라서 협력대상 국가를 확보하기 위한 경쟁이 보다 심화될 것으로 전망된다. 양자는 물론 3자와 같은 소다자 협의·협력이 더욱 활성화될 것이며, 일부 국가들은 역외 국가들과의 협력도 적극 모색하며 협력의 외연을 확장시키고 외부를 경유하여 내부로 진출하여 입지를 강화하려는 전략을 구사할 가능성도 배제할 수 없을 것이다.

세 번째로, 현재 그리고 앞으로도 가장 중요한 요인이자 현상은 미국과 중국을 중심으로 하는 지역 질서와 구도의 재편일 것이다. 미국은 기본적으로 기존 동맹체제를 중심으로 하는 안보구도의 유지·강화를 희망하는 가운데 중국과의 협력과 경쟁을 모색하는 반면, 중국은 기존 질서와 구도에 편입되기보다는 새로운 질서와 구도를 만들고 새로운 판을 짜는 전략을 추구할 것이다. 이러한 미국의 전략은 '아시아로의 회귀pivot to Asia' 혹은 '재균형전략rebalancing'에 잘 반영되어 있으며, 중국의 대외전략은 최근 제기되기 시작한 '신형대국관계 new model of major country relationship'를 통해 대변된다고 하겠다.

미국과 중국 간 상호 의존성 심화로 인해 갈등과 대결은 되도록 회피하고 상호관계를 관리하려 할 것이다. 그러나 서로 다른 지역안보구도와 목표를 가지고 있으며 '전략적 의혹과 불신strategic distrust'이 근저에 깔려 있다는 점에서 궁극적으로 새로운 지역 규범과 질서 창출을 둘러싼 미중 간의 경쟁은 점차 심화될 것이다. 따라서 중장기적 측면에서 미국이 힘과 지위를 회복하고 중국의 발전이 둔화됨에 따라 마찰과 갈등의 빈도와 강도가 증가할 것으로 예상할 수 있다.

근본적으로 가치와 목표를 달리하고 있다는 점에서 특정한 이슈를 중심으로 하는 기능적 협력의 면은 증가하나 협력의 기초는 여전히 취약한 상태로 유지될 것으로 예상된다. 또한 지역상황을 안정적으로 유지해야 한다는 점에는 공감하나 방법론에 있어서 차이가 더욱 부각될 것으로 전망된다.

문제는 이러한 미중관계가 한국에게 유리하게 작용할 수도 있고 불리하게 작용할 수도 있으며, 한국에게 미국과 중국 중 하나의 선택을 강요하는 상황으로 발전될 가능성이 매우 높다는 점이다. 미국의 경우 한국이 중국과의 관계를 발전시켜 나가는 것을 대중국 관여 정책이라는 차원에서 원칙적으로 환영하며 지지하고 있으나, 한국의 중국으로의 경사 가능성에 대해서는 우려와 의혹을 가지고 있는 것도 사실이다. 다른 한편에서 중국은 한국이 미국과의 동맹관계를 유지하고 강화하는 것에 궁극적으로 대중국 포위 정책의 일환으로 해석하고 이에 대해 매우 강한 반발을 가지고 있는 것으로 판단된다. 그러나 미국과 중국이 묵시적으로 상호간 영향권을 인정하고 분할 관리할 가능성도 완전히 배제될 수 없을 것이다.

이러한 상반된 두 개의 상황은 한국이 추구하고자 하는 동북아 평화협력구상에 대해 제약요인으로 작용되고 있다고 하겠다. 그러나 역설적으로 동북아 평화협력구상은 다자의 틀을 통해 미국과 중국을 엮어 한국이 활동할 수 있는 공간을 확보할 수 있는 대안으로 고려될 수 있다. 따라서 문제는 동북아 평화협력구상에 대한 미국과 중국의 이해와 협력, 그리고 지지를 어떻게 확보하느냐에 달려 있다. 이를 위해서는 동북아 평화협력구상과 미국의 재균형전략이나 중국의 신형대국관계가 병립·공존할 수 있는 공간을 확보하는 것이 필요하다. 즉 제3의 길로서 동북아 평화협력구상을 제시하고 이를 중심으로 미국과 중국을 엮어내는 지혜를 발휘함으로써 미중관계의 변화로부터 발생하는 제약을 감소시키고 완충지대를 확보하는 것이 요구된다.

21세기 들어 동아시아에서는 좁게는 동북아 국가간 경제·통상을 비롯한 비안보부분에서 상호 의존성이 비대칭적으로 증가하고 있고, 기능적 협력이 증가하고 있으며, 통합의 노력이 추진되고 있다. 자연재해·재난, 환경·기후, 에너지, 수자원, 질병 등 비전통 인간안보 문제를 중심으로 협력 필요성이 증대하고 있고, 이와 같은 추세는 지속적으로 유지될 것으로 전망되며 협력 분야 및 대상도 확장될 것으로 예상된다. 이와 같은 문제를 중심으로 다양한 협의와 협력이 강화되어 나가되 포괄성은 결여될 것으로 예상되며, 책임공유 부분에 있어서 이견이 발생할 것으로 전망된다. 또한 기본적으로 협력은 강조되나 구체적으로 어떻게 협력할 것인가와 이와 연관된 책임과 비용 문제에 있어서 이견이 발생하게 될 것으로 예상된다. 경제 및 통상 분야에서의 상호 의존성이 증가함에 따라 협력도 증가하나 비대칭적 특성을 가지고 있음에 따라 마찰 가능성이 상시 존재할 것이다.

전반적으로 협력이 강조되는 가운데 최근 들어 영토·영해·과거사 등과 같은 문제를 중심으로 국가간, 사회간 갈등과 대립의 가능성이 문제는 동북아 평화협력구상에 대한 미국과 중국의 이해와 협력 그리고 지지를 어떻게 확보하느냐에 달려 있다. 이를 위해서는 동북아 평화협력구상과 미국의 재균형전략이나 중국의 신형대국관계가 병립·공존할 수 있는 공간을 확보하는 것이 필요하다.

증가하고 배타적 민족주의의 분위기가 확산되고 있다는 점은 동북아 평화협력구상의 실현을 어렵게 하는 요인으로 작용할 것이다. 역내 국가 간 과거사 문제가 아직 미해결 상태로 지속되고 있고, 배타적 민족주의 분위기가 확산·강화되는 경향이 발생함에 따라 국가 대 국가, 사회 대 사회, 개인 대 개인 간 신뢰가 손상되고 불신이 증폭되어 실질협력에 제약이 발생하고 있다. 공동인식에 기반한 협력이기보다는 기능주의적 차원의 협력이라는 면에서 연속성의 보장이 어려울 것으로 보인다. 특히 국민감정이 손상될 경우, 이미 추진되던 협력도 중단되고 신뢰가 약화되어 불신이 증폭되는 방향으로 진행될 가능성이 상존하고 있다.

요컨대 과거가 미래를 속박하는 상황이 지속적으로 강화되고 내부적으로 배타적 민족주의 성향이 증가하여 대외관계에 악영향을 미치거나 관계발전에 제약요인으로 작용한다는 점은, 국가와 사회를 넘어 신뢰에 바탕을 둔 다층적·다원적 협력을 인식적 차원에서 제약하는 큰 요인이 되고 있다. 따라서 감정과 인식의 문제를 관리하면서 협력에 대한 담론을 확산하고 지지를 확보하여 협력의 기반을 공고히 하는 근본적 전략 강구가 필요하며, 과거로부터의 탈피를 위해 동북아의 새로운 지역 정체성을 만들어 가는 것을 추구함으로써 역내 국가와 다양한 행위자들의 지지와 참여를 이끌어 내는 전략 추진을 고려해야 한다.

　마지막으로 동북아 평화협력구상 추진과 관련하여 가장 직접적인 제약요인이 되는 것은 북핵을 포함한 북한 문제라고도 볼 수 있다. 현실적으로 동북아 평화협력에 가장 큰 위협이 되고 있는 것은 북핵과 북한 문제인데, 이러한 당면현안을 해결하지 않고 진전을 이루었다고 주장하는 것에는 한계가 존재하기 때문이다. 그러나 다른 한편에서 북핵 및 북한 문제로 인해 여타 안보 문제를 뒤로 할 수 없는 상황이라는 점은 동북아 평화협력의 필요성을 뒷받침하는 요인이라고도 하겠다.

　결론적으로 동북아 및 동아시아 지역 정세·질서가 급속히 변화함에 따라 불안정성이 증가하는 도전이 제기되고 있으나, 역설적으로 변화 속에서 한국이 입지를 강화할 수 있는 기회 역시 공존하고 있다. 즉 우려와 불확실성을 감소시키기 위한 차원에서 협력의 기회가 발생하고 있으며, 변화의 흐름을 잘 판별하고 한국이 보유하고 있는 잠재력과 창의력을 발휘하여 물리적 한계(주변국들과의 상대적 물리적 격차)를 극복하거나 감소시킬 수 있는 '기회의 창'이 열리고 있다고도 볼 수 있다. '바람직한 동북아 지역의 미래desirable end state'에 대한 특정한 방향성이나 틀 및 결과물이 정해져 있지 않다는 점에서 다양한 실험과 활동 및 발전 가능성을 내포하고 있다. 비전통안보 문제에 관한 역내 국가들의 관심과 발생 빈도와 강도가 증가함에 따라 협력의 기회는 지속적으로 증가하고 있다는 점을 활용할 수 있는 상황이다. 따라서 소극적이기보다는 적극적인 접근을 모색하는 것을 고려할 수 있을 것이다.

　과거 어느 때보다 한국의 국제적 위상이 높아진 점은 여타 지역국가들에 비해 상대적으로 유리한 입장으로 작용한다. 즉 '중국의 부상'과 '일본의 우경화'에 대한 우려가 증가하고 있다는 점은 역설적으로 한국에게 유리하게 작용할 수 있다는 것이다. 따라서 높아진 한국의 국제적 위상과 능력에 부합하는 역할을 적극적으로 수행함으로써 국제사회의 기대에 부흥하고 이를 통해 역내외 지지 및 협조세력을 확보하는 것이 필요하다. 역내 국가들과의 관계와 입장을 중심으로 하는 접근을 벗어나 역외 요소(전략적 협력국가, 중견국 등)들을 활용하여 역내에서의 위상을 공고히 하는 우회적 접근방법도 고려해 볼 만하다.

V. 동북아 평화협력구상의 실천적 목표

동북아 평화협력구상의 배경·목표·특성, 그리고 추진 여건을 고려하여 동북아 평화협력구상을 실천해 나감에 있어서 중간단계의 실천적 목표를 설정하는 것도 바람직할 것이다.

우선적으로 현재 직면하고 있는 현안에 대한 대응이나 기능적 협력에 중점을 두기보다는 협력의 기반을 공고히 하기 위해 역내 구성원 간 신뢰의 문화를 다방면에서 배양하고 확산하는 것이 요구된다. 즉 전략적 불신과 의혹을 신뢰로 대체하기 위한 방안을 강구하고 지속적인 실천노력을 경주하는 것이 필요하다. 개인간 신뢰, 집단간 신뢰, 사회간 신뢰, 국가간 신뢰를 병행 추진하여 상호 보완성을 강화하고 갈등요인 관리를 모색하여 특정한 사건으로 인해 발생하는 부정적 파급영향을 최소화하거나 고립시키는 쪽으로 지향해 나가야 할 것이다. 또한 과거가 아닌 미래에 대한 비전을 중심으로 담론을 형성·확대하여 의혹과 불신을 해소해 나가는 쪽으로 추진해야 할 것이다. 과거를 넘어 평화와 번영의 미래를 같이 개척해 나가는 동반자 정신을 배양하는 것에 중점을 두어야 한다. 즉 미래에 대한 비전 공유를 통해 과거 문제로 인해 야기되는 문제를 관리하는 접근을 고려해야 할 것이다.

두 번째, 다양한 분야에서 협의와 협력의 기회를 심화·확대하여 협력의 습관 혹은 관행을 지속적으로 축적하여 불가역적으로 진전하는 협력irreversibly advancing cooperation을 모색함으로써 협력의 범위를 확대하고 심화시키고 내용을 풍부히 하는 포괄적 연계협력을 지향하는 것이 필요하다. 이를 위해서 단계적·점진적 추진을 통해 협력을 확대·강화하고 만남과 대화를 정례화하여 궁극적으로 제도화를 통해 포괄적인 안보협의 및 협력체를 구축해야 할 것이다. 우선적으로 대화를 활성화하는 것이 필요하다. 대화를 통해 상호 불신과 의혹을 해소하고 이해를 제고하는 접근을 추진하여 협력의 인식적 기반을 강화하고, 협의를 통해 구축된 상호 신뢰와 믿음에 기반한 협력을 지속적으로 추진하여 기능적 협력의 한계를 극복해야 할 것이다. 따라서 제반 분야에서의 다양한 형태의 대화와 협의를 활성화하는 것을 적극 추진하며, 기능적 협력의 점진적 추진을 통해 공통이익의 확장을 모색함으로써 협력에 대한 저항감을 감소시키고 협력의 습관과

다양한 분야에서 협의와 협력의 기회를 심화·확대하여 협력의 습관 혹은 관행을 지속적으로 축적하여 불가역적으로 진전하는 협력(irreversibly advancing cooperation)을 모색함으로써 협력의 범위를 확대하고 심화시키고 내용을 풍부히 하는 포괄적 연계협력을 지향하는 것이 필요하다.

제도를 구축해 나가야 할 것이다.

국가간·정부간 접촉 및 대화와 병행하여 시민사회 및 단체 간 접촉을 증진하여 신뢰의 저변을 확대하는 것도 필요하다. 특히 비국가 행위자들의 역할이 강조되어야 할 것이다. 비국가 행위자들은 국가간 혹은 정부간 어려움이 있을 때 이를 완화시키고 해결의 분위기를 만들어 가는 한편, 정부에 대해 보다 장기적인 비전과 과제를 제시하여 현안에 집중하는 관습을 넘어서 보다 먼 미래를 보며 협력할 수 있는 기회를 제공하는 역할을 할 수 있을 것으로 기대되기 때문이다.

한국이 경제적 위상에 걸맞은 인정을 받고 국제사회의 책임있는 일원으로 평가받기 위한 차원에서 안보관점의 영역과 분야를 확대하는 '안보 정책의 탈(脫)한반도화'를 지향하며, 이러한 맥락에서 다자 안보대화와 협력을 추구하는 것이 바람직하겠다. 특히 안보분야에서 한국은 지역·국제사회가 직면하고 있는 안보관심사항에 대해 매우 일반론적인 차원에서 접근하거나, 한·미동맹이라는 틀 안 그리고 한반도 이상을 넘어서지 못하는 한계를 보여 왔다. 결과적으로 한국의 경제적 위상에 비해 안보분야에서의 한국의 위상은 매우 낮은 것으로 평가되며, 그간 한국의 국제평화와 안전에의 기여에 대한 국제사회의 평가가 낮은 것으로 분석된다. 따라서 일과성적이고 선언적·시위적인 대응보다는 정책적 연속성과 일관성을 보장할 수 있는 제도적 장치를 마련하여 실질적인 기여를 적기에 제공하고, 국제사회가 직면하고 있는 안보 문제에 대한 협의에 보다 적극적으로 참여하여 국제사회에서의 한국에 대한 인식을 변화시키고 적극적인 정책적 지지와 공감대 및 협력범위를 구축하는 것이 요구된다.

동북아 평화협력구상을 추진함에 있어서 기존의 질서나 규범을 강요하기보다는 시대적 상황에 부합하고 안정적이고 희망찬 미래를 보장하는 새로운 정체성identity 혹은 바람직한 상황desirable state을 확립하기 위한 문화적 접근을 추진하는 것을 고려해 볼 수 있다. 지역 정체성이 요구되는 것은 과거를 극복하는 데에도 필요하며, 미래 비전을 만들고 공유하는 것에도 도움이 될 것으로 기대되기 때문이다. 동북아 평화협력구상은 양자관계로 대응하기 어려운 상황이나 사안에 대처하는 보완적 수단으로 활용할 수 있고, 양자관계를 균형되게 하거나 양자관계에서 발생하는 부담을 감소시키는 도구로 활용할 수 있을 것이다. 따라서 비전통 인간안보 문제를 해결하는 방안으로 활용하여 특정 양자관계가 부상하고 강화됨에 따라 야기될 수 있는 안보불안감이나 우려를 해소함과 동시에, 양자관계 유지·관리로 인해 발생하는 비용과 부담을 감소시키는 차원에서 적극 고려해야 할 것이다. 즉 특정국가와의 관계를 다른 국가와의 관계로 대체하거나 상쇄되어야 하는 강요된 선택을 예방할 수 있는 장치로서 다자안보대화와 협력을 활용할 수 있을 것이다.

마지막으로 동북아 평화협력구상은 한반도 신뢰프로세스와 연계하여 북한 상황을 관리하고 해결할 수 있는 분위기와 여건을 만드는 데 활용되어야 한다. 물론 이러한 다자간 대화로 인해 한반도 문제가 국제화하는 것이 우리의 주도적 입장을 약화시킬 가능성이 있다고 볼 수 있으나, 다자안보대화를 통해 다양한 안보현안에 대한 협의와 협력을 추진함으로써 북한의 돌출행동을 예방하는 한편, 정책적 변화에 대한 외부 여건을 조성하는 긍정적인 면이 존재하고 있다. 다자간 대화를 통해 북한 혹은 한반도 문제만을 다루는 것이 아니라 전반적인 역내 국가들의 안보 관심사항에 대한 의견을 나누며 안보인식상에서의 공감대를 형성해야 한다. 결과적으로 북한의 호전성을 감소시키는 역내 분위기를 만들어 한반도 안정화를 위한 기반을 확보하고, 궁극적으로 한반도의 평화적 통일에 대한 지역국가들의 이해와 공감대, 그리고 협력을 유도할 수 있도록 추진해야 한다.

동북아 평화협력구상은 아직도 구상단계에 있고 그 성공여부는 미지수인 상황이다. 동북아 평화협력구상은 지금 우리가 직면하고 있는 안보 문제에 대한 해답을 구하는 것보다는 보다 장기적인 차원에서 역내 국가 간 협력의 기반을 공고히 하여 지역의 안정과 평화, 그리고 번영을 모색하고자 함에 목표를 두고 있다. 따라서 단기적으로 어떠한 구체적인 성과를 기대하는 것은 무리이다.

다양한 분야에서 비국가 행위자들 간의 접촉과 협의를 통해 신뢰의 문화, 협력의 습관, 그리고 새로운

> 동북아 평화협력구상은 한반도 신뢰프로세스와 연계하여 북한 상황을 관리하고 해결할 수 있는 분위기와 여건을 만드는 데 활용되어야 한다.

정체성을 정립함으로써 협력의 인식 기반을 공고히 하는 것은 단순한 국가간 기능적 협력이 가지는 한계를 넘어 진정한 의미에서의 협력을 실현시키는 길이 될 것이다. 그러나 이러한 구상을 실현하는 것에는 미국과 중국을 중심으로 하는 양강 구도, 과거사 및 영토·영해 문제와 이로 인한 국가 간 불신 등과 같은 도전과 제약이 놓여 있다. 따라서 도전과 제약을 기회로 활용하기 위한 지혜와 전략이 필요하며, 정책의 일관성을 유지하는 것이 요구된다.

제2장

구체적인 이슈와 협력의 로드맵

'지역'의 설정은 매우 구체적인 정치·경제·문화적 이해관계를 전제로 한다. 개별 국가가 국가 정체성의 확인을 위해 어떤 지역적 범주를 설정할 것인가 하는 문제는 해당 국가의 구체적인 국가이익을 정의하는 매우 중요한 전략적 고려의 결과이고 또한 의지의 표현이다(손열 2008; 김상준 2013). 왜냐하면 지역의 실정은 단순히 지리적인 개념의 이해를 뛰어넘는 구조적이고 복합적인 사회화과정의 결과이기 때문이다.

한국을 '동북아 국가', '동아시아 국가' 혹은 '아시아태평양 국가' 등과 같은 다양한 대안들 중에서 가장 빈번히 '동북아 국가'로 국가 정체성을 규정하고 있음은, 동북아 지역이라는 지역적 범주 속에서 실천해야 하는 사활적인 국가이익이 존재하기 때문인 것이다.

지난 20년 동안의 탈냉전 역사에서 공교롭게도 한국은 두 번의 보수정권과 두 번의 진보정권을 경험한 바 있다. 현실 정치와 정책 구현의 관점에서 '보수'와 '진보'는 서로 상대적인 개념이므로, 지난 정부의 정책들이 어떠한 방향성과 내용을 가지는가의 문제는 다양한 차원과 영역에서 논쟁을 야기할 수 있을 것이다. 동북아라는 공간 안에서 전개되었던 대표적인 논쟁들로는, 북핵 문제를 접근하는 보수-진보의 이분법이 있었고, 미국과 중국의 전략적 중요성을 이해하는 경쟁적 시각도 있었으며, 또 동북아 지역 정책과 탈동북아적인 글로벌 외교 사이에서의 균형 문제도 심각하게 제기된 바 있다.

지난 20년간의 이러한 경험과 교훈을 토대로 박근혜 정부는 '신뢰외교'를 외교안보 정책의 핵심 가치로 내세우고 있는데, 향후 한국 정부의 동북아 지역 정책인 동북아 평화협력구상 역시 신뢰외교라는 포괄적인 개념의 적용을 통해 접근할 것으로 보인다.

기본적으로 박근혜 대통령은 경제·사회·문화적 상호의존이 신뢰로 전환되지 않는 동북아, 넓게는 동아시아 국제관계 현실을 '아시아의 패러독스'로 규정하면서, 소위 상위정치와 하위정치 사이의 극심

한 분절을 극복하지 않고서는 동북아에서 평화와 번영의 성취는 불가능하다는 점을 강조하고 있다. 그런데 '신뢰'는 가치 지향적인 개념이며 행위자 간 상호 의존성이 강한 개념이므로, 정치적·안보적·역사적 이해관계가 세계 어느 지역보다도 첨예하게 대립하고 있는 동북아 지역에서 신뢰외교가 적용될 수 있기 위해서는 매우 정교하고 전략적인 전제조건이 병행되어야 한다.

그러므로 향후 한국 정부는 동북아 국제관계의 다양한 요소들을 종합적으로 분석하면서 지속가능한 정책과 추진 전략을 개발해야 할 것으로 판단된다. 동북아 평화협력구상의 실천을 위한 비전과 의지는 바로 이러한 배경에서 출발하고 있으며, 갈등이 첨예한 동북아 지역 국가들 사이에 협력과 공존의 문화가 생겨나게 만들겠다는 일종의 공동체적인 접근의 구상인 것이다.

I. 박근혜 정부의 동북아 정책

1. 동북아 정책의 4대 유형

　　박근혜 정부는 신뢰외교를 지역 수준에서 구현한다
는 차원에서, 지역의 안정성과 평화의 확보를 위해 동북아 차원에서
전개될 외교 정책들을 정책영역 유형별로 나눠보면 다음의 [표 1]과
같이 구분해 볼 수 있다.

　[표 1]과 같이 박근혜 정부의 동북아 정책유형 중 우선적으로 살펴

[표 1] 박근혜 정부 동북아 정책의 유형

4대 정책 유형	정책 목표 / 추진 전략 / 정책 영역
전통적 양자외교	주요국 관계 강화 / 전통적인 양자외교 발전 / 한미동맹, 한중관계, 한일관계, 한러관계
6자회담	한반도비핵화 / 북한참여, 핵 문제 관리 & 해결 / 군사안보
소규모 다자회의	주요 현안 해결 / 관여자 간 논의 활성화(1.5트랙 포함) / hard & soft
동북아 평화협력구상	평화협력의 신뢰 / 정부-비정부행위자 간 병행 노력, 동북아 국가 및 행위자 간 연대, 논의의 일상화, 선언 / 인간안보, 연성이슈 중심의 접근

> 북핵 문제라는 매우 한정된 안보 현안을 다루는 '6자회담' 관련 정책 영역을 들 수 있다. 비록 지난 5년 가까이 6자회담이 개최되지 못하고 있으며 또한 제도적 완결성이 높지 않은 다자논의 창구이지만, 아직까지는 동북아 국가들이 북한 핵이라는 안보현안을 논의하는 유일한 대화 창구임을 부인할 수는 없다.

볼 수 있는 부분은 한미동맹, 한중관계 등을 중심으로 하는 '양자외교' 중심의 정책을 생각해 볼 수 있다. 유럽의 경우처럼 제도화된 다자외교틀multilateral diplomatic framework이 존재하지 않는 동북아에서 개별 국가를 상대로 한 양자외교는 매우 중요한 정책 영역이 아닐 수 없다. 박근혜 대통령 역시 이러한 중요성을 인식하여 지난 대선 과정에서부터 한미동맹의 발전과 한중관계의 심화를 대립적인 관계가 아닌 상호 호혜적인 관계에서 접근에야 한다는 점을 강조해 오고 있다.

두 번째로는 북핵 문제라는 매우 한정된 안보 현안을 다루는 '6자회담' 관련 정책 영역을 들 수 있다. 비록 지난 5년 가까이 6자회담이 개최되지 못하고 있으며 또한 제도적 완결성이 높지 않은 다자논의 창구이지만, 아직까지는 동북아 국가들이 북한 핵이라는 안보현안을 논의하는 유일한 대화 창구임을 부인할 수는 없다. 박근혜 정부 역시 6자회담이 가지는 외교수단의 효율성을 잘 이해하고 있는 까닭에 6

자회담 재개를 원칙적으로 지지하고 있다. 또한 북한 핵의 위협이 한반도에만 머무르지 않고, 지역 및 국제안보 전반에 영향을 미치는 현안이라는 점을 고려할 때 6자회담이라는 다자주의적 접근이 가지는 효용성을 인정할 필요가 있어 보인다.

다음으로는 박근혜 정부 출범 이후 강조되고 있는 '소규모 다자주의mini-multilateralism'라는 정책수단을 통한 외교 정책 실천 영역을 상정해 볼 수 있다. 아직은 정부 출범 초기인 관계로 소규모 다자주의와 관련한 외교 정책의 틀이 완전히 자리 잡지는 못한 것으로 판단되지만, 동북아 역내 국가들 사이에서 발생할 수 있는 다양한 성격의 현안을 효율적으로 논의하기 위한 방안의 하나로서, 핵심 관련 당사국들 간의 소규모 다자주의의 활성화가 중요시되고 있다. 소규모 다자주의의 활성화는 해당 외교대화틀로부터 배제되는 국가들에게 불이익을 주고자 함은 아니며, 단지 문제 해결과정에서 해법을 도출하기 위해 효율성을 높이고자 하는 전략적 고려가 작용하고 있는 것으로 보인다.

마지막으로 동북아 역내 국가들 간의 궁극적인 신뢰구축을 목표로 한 '동북아 평화협력구상'의 실천이라는 정책 목표와 관련한 정책 영역이 존재하고 있다. 동북아 평화협력구상은 단기간에 높은 제도주의적 요건을 갖춘 서구의 '기능주의적 다자주의functionalist multilateralism'를 목표로 하지 않으며, 대신 상대적으로 호혜적인 이익이 보장되는 이슈를 중심으로 '협력과 공존의 문화 혹은 관습culture and convention for cooperation and coexistence'을 만들고자 하는 프로세스적인 접근을 의미하는 것으로 볼 수 있다.

이상에서 살펴본 바와 같이 동북아 지역에서 추진되는 박근혜 정부의 포괄적인 '동북아 지역 정책'은 정책 수단 및 관련 정책 영역들을 기준으로, 정책 수단들 간 국가이익 실천을 위한 분업구조를 이루면서 동북아라는 독특한 지역안보질서에 적극적으로 대응할 것으로 예상된다.

2. 동북아 문제에 대한 인식적 접근

그렇다면 박근혜 정부가 동북아 문제를 접근하는 인식적 토대는 어디에 있는 것일까? 세 가지 정도의 중요한 특징을 지적해 볼 수 있다.

첫째, 상위정치high politics와 하위정치low politics 사이의 연계성에 대한 고민을 지적할 수 있다. 대표적으로 유럽의 경험과 비교하여 기능주의적 전환효과spill-over effect가 왜 발생하지 않는가에 대한 고민이 담겨져 있는 것으로 판단된다. 물론 학문 영역에서는 지금까지 오랫동안 동북아 지역에서 왜 기능주의적 전환효과가 발생하지 않는가에 대한 연구가 많이 있었던 것이 사실이다(전재성 2006; 구갑우 외 2005; 최영종 2003; Wednt 1994). 하지만 최근 동북아 역내 국가들 간 영토 문제, 역사인식, 공동체정신 등과 관련하여 첨예한 갈등이 노출되면서 기능주의적 전환functionalist transition을 둘러싼 보다 근본적인 문제의식이 작용한 것으로 판단된다.

둘째, 동북아 지역의 안정성을 확보하기 위해서는 소위 '선이후난(先易後難)'식의 기능주의적 접근을 염두해 두고 있는 것으로 보인다. 어렵고 상대 국가의 국가이익에 민감한 이슈와 논의방식은 가능한 한 후순위로 미루고, 공통의 관심 분야를 야기할 수 있는 인간안보를 포함한 사회안보 및 경제안보 차원의 이슈들에 먼저 접근하는 방식이 강조되고 있다. 물론 그렇다고 하더라도 해결이 어려운 이슈들을 무작정 후순위로 미룬다는 의미가 아니라, 협력과 상호존중의 관습이 생겨나고 이에 연동되어 그러한 관습이 어려운 이슈들을 다루기 위한 공동체적 노력으로 이어지도록 하자는 전략적 계획을 의미한다. '선이후난'의 원칙에 입각한 기능적 협력이 의미 있는 출발은 될 수 있지만, 그러한 출발이 동북아 역내 국가들 및 시민들 사이에 '상호관계적 결합interpersonal binding'이라는 궁극적인 목표에 다다르기 위해서는 정교한 비전과 프로그램이 뒷받침되어야 한다.

셋째, 박근혜 정부는 한반도 문제와 동북아 문제가 상호 추동하는 관계에 놓여 있다는 점을 분명히 인식하고 있다. 현 단계에서 동북아 평화협력구상이 한반도 문제를 직접적으로 거론하지는 않을 것으로 예고되어 있지만, 궁극적으로 일정한 단계의 수준과 영역에서 북한의 비핵화 및 북한 정상화가 동북아 평화와 안정이라는 목표와 맞닿을 수 있을 가능성은 당연한 기대일 것이다. 물론 북한 문제와 관련한 아젠다 설정은 동북아 국가들의 첨예한 이해관계와 직접적으로 관련되어 있고, 또 아직까지 북핵 문제와 관련해서 한국 정부가 전략적 자율성을 완전히 확보했다고 보기 어렵기 때문에 동북아 평화협력구상이 일정한 단계에 이르기 전까지 북한 문제와의 직접적인 연계는 가능한 배제해야 할 것으로 판단된다.

현 단계에서 동북아 평화협력구상이 한반도 문제를 직접적으로 거론하지는 않을 것으로 예고되어 있지만, 궁극적으로 일정한 단계의 수준과 영역에서 북한의 비핵화 및 북한 정상화가 동북아 평화와 안정이라는 목표와 맞닿을 수 있을 가능성은 당연한 기대일 것이다.

II. 동북아 평화협력구상의 주요 원칙과 이슈

1. 동북아 평화협력구상의 비전과 주요 원칙

동북아 평화협력구상은 2013년 2월 22일 "18대 대통령직인수위원회"가 발간한 자료집 중 〈추진전략 13〉 신뢰외교 중에서 국정과제 127번인 "동북아 평화협력구상과 유라시아 협력 확대"에 해당한다(제18대 대통령인수위보고서). 동북아 평화협력구상은 박근혜 정부 임기 내에서만이 아니라 장기적인 관점에서 추진해야 할 과제이지만, 현실적으로 이번 정부 임기 내에서 어떠한 이슈들을 중심으로 또한 어떠한 로드맵을 상정하면서 추진해야 할 것인지 전망해 보고자 한다.

우선 동북아 평화협력구상의 현실적인 구현을 위해서는 핵심 원칙들이 수립되어야 하고, 그러한 원칙이 지켜지는 이슈들이 선정되어야 할 것이다. 기본적으로 동북아 평화협력구상이 표방하는 목표, 주요 원칙, 추진전략, 주요 이슈 등을 하나의 개념으로 표현하면 다음의 [그림 1]과 같이 나타낼 수 있다.

[그림 1] 동북아 평화협력구상 개념도

동북아 평화협력구상 실천:
동북아에 평화와 협력의 문화 정착

- 동북아 정상이 모여 '동북아평화공동체' 확인
- "동북아 평화를 위한 협력의 10년" 선언
- 5개 영역(제안) 중심으로 한 호혜적 이익 확보

정부 행위자 역할	비정부 행위자 역할
- 기존지역주의와의 조화로운 공존 - 다자/양자 접촉 통한 지지세력 확보 - 정상회의에서 적극 홍보 - 국제사회에서 지지 확산	- 시민사회들 간 논리와 필요성의 공감대 확산 - 지식, 정보, 인식의 교류를 통한 공동체인식 확산 - 관련 학술회의, 간담회, 토론 등 활성화 - '동북아현인그룹' 출범

추진 원칙	프로세스적 접근	정부-시민사회 투트랙 전략	이익의 호혜성 중시

전제 조건	• 동북아 역내 국가들의 지역 정책 및 이해관계에 위배되지 않는 목표 • 제도적 완결성이 아닌 협력적 공존의 문화를 정착시키는 노력 • 정치적 민감성이 덜한 연성 이슈를 중심으로 한 실천전략 수립

1) 프로세스적 접근

동북아 평화협력구상이 천명한 '구상'이라는 표현에서 알 수 있듯이, 동 전략은 특정 시점의 특정 단계를 목표로 하는 '성과 중심적인' 접근이 아니라, 단계적인 관습의 축적을 중시하는 '과정 중심적인' 접근이라는 점을 분명히 인식할 필요가 있다. 따라서 박근혜 정부 5년 내에 이룩하고자 하는 구체적인 성과를 상정함과 동시에 동 성과의 실현 유무에 얽매이지 않고 긴 안목에서 달성하겠다는 큰 그림에서의 접근이 필요하다고 판단된다.

따라서 제도화의 수준을 미리 상정하지 않고, 단계적인 의미와 성과의 결과에 따라 점진적으로 제도화의 수준을 자연스럽게 향상시키겠다는 전략이 유효할 것으로 본다. 특히 동북아라는 지역은 지역질서의 구조적 특성상 역내 국가들 간 양자 및 다자 차원에서 언제든지 다양한 유형의 위기가 발생할 수 있다. 만약 프로세스적 접근이 아니라 특정 단계의 구체적인 제도적 완결성을 목표로 추진한다면, 동북아 역내에서 크고 작은 위기들이 발생할 때마다 동북아 평화협력구상의 추진은 심각한 위기에 직면하게 될 수도 있을 것이다.

바로 이러한 배경에서 동북아 평화협력구상은 프로세스적인 접근이 유효할 것이며, 이와 함께 추진 과정에서 위기가 발생했을 경우 해당 위기가 다른 이슈의 위기로 확산되지 않고 동 영역 안에서 머무르고 또한 해결될 수 있게 만드는 '위기관리 메커니즘'의 확보가 매우 중요할 것으로 예상된다.

2) 목표의 설정

　　　　동북아 평화협력구상이 추구하는 목표는 장기적인 차원의 목표와 단기적인 차원의 목표라는 두 가지 관점에서 동시에 수립되는 것이 바람직한 것으로 판단된다. 장기적인 목표의 경우 동북아 역내 국가들 간 '문화culture와 관습convention의 정착'을 설정하고, 단기적인 목표의 경우 향후 5년 이내 '동북아 정상회담' 및 '동북아 평화선언(가칭)'과 같은 동북아 역내 정상들 간 가시적인 의지의 표현을 설정하는 것이 바람직해 보인다.

　박근혜 정부 임기 내에 단기적인 목표를 추진하는 과정에서 '동북아인Northeast Asian' 모두에게 이익이 되는 분야를 중심으로 한 '성과 중심적인' 노력을 병행하되, 이 경우 성과 중심적인 노력은 특정한 유형의 제도적 완결성의 기준의 아니라, 평화와 공존의 문화가 자리잡을 수 있는 환경을 조성한다는 관점에서의 성과라는 점을 분명히 해 둘 필요가 있다. 이러한 목표에 부합하는 이유 영역은, '사이버안보협약', '환경보호협약', '자연재해공동협력방안' 등을 고려해 볼 수 있다.

　물론 이 과정에서 동북아 역내 관련 당사자국들의 공감을 전제로 서울에 포괄적인 혹은 특정 역내 이슈를 해결하기 위한 사무국 설치와 같은 성과가 자연스럽게 도출된다면, 이러한 제도주의적 성과 역시 적극 환영할 만하다고 생각한다.

3) '국가–시민사회' 투트랙의 병행 추진

냉전 종식 이후 지난 20여 년 동안 급격한 세계화 과정을 경험하면서 국제사회는 과거와는 전혀 차별적인 외교환경에 놓이게 되었다. 가장 대표적인 외교환경의 특징으로는 외교관계에 참여하는 행위자가 과거처럼 '국가 행위자'만 존재하는 것이 아니라, 다양한 유형과 성격의 '비국가 행위자'가 존재한다는 사실을 들 수 있다. 이러한 글로벌 외교환경의 가변성과 복합성을 고려할 때 동북아에서의 평화와 협력은 국가 주도적인 노력만으로는 불가능하다는 점을 깨닫게 된다. 따라서 국가와 시민사회(혹은 비국가 행위자)가 함께 노력하는 투트랙two-track 차원의 추진이 필요하다고 본다.

그런데 국가 행위자 중심의 협력은 상대적으로 명확하지만, 시민사회의 경우 국가마다 시민사회의 존재 여부와 역할 등이 서로 상이할 수 있으므로, 이러한 투트랙 추진전략이 동북아 평화협력구상 실천에 장애요인이 될 수 있다는 점을 함께 명심할 필요가 있다. 예를 들어, 한국의 경우 매우 역동적이고 전문적인 시민사회가 존재하는 까닭에 이러한 행위자들이 때로는 국가 입장을 비판하면서 또 때로는 국가의 입장을 지지하면서, 결과적으로 우리 대외관계를 통한 국

> 실제 추진과정에서 한·미·중·일·러와 같은 5자회담 양식이 될 수 있
> 을 것이다. 하지만 기본적인 원칙과 입장의 차원에서는 동북아 역내 모
> 든 행위자의 참여를 전제로 하는 것이 바람직한 것으로 판단된다.

가이익을 극대화하는 데에 기여하게 된다. 그렇지만 중국의 경우 우리의 경험과 견줄 수 있는 시민사회가 존재하지 않는다는 점을 분명히 인식해야 한다.

4) 참여자 문제

동북아 평화협력구상의 추진과 관련하여 가장 중요하고 또한 어려운 문제들 중의 하나가 바로 참여 멤버의 범위를 어떻게 설정할 것인가 하는 점이다. 기본적으로 출범 시점에서부터 동북아 역내 행위자인 한국, 북한, 미국, 중국, 일본, 러시아, 몽골 등 7개 국가의 참여가 바람직하다고 본다. 물론 초기 론칭 시점에서 북한의 참여 가능성이 희박할 것으로 예상되며, 또한 몽골 역시 동북아 평화협력구상에 얼마나 관심을 가질 것인지 판단하기 어려운 측면이 있다. 따라서 실제 추진과정에서 한·미·중·일·러와 같은 5자회담 양식이 될 수 있을 것이다. 하지만 기본적인 원칙과 입장의 차원에서는 동북아 역내 모든 행위자의 참여를 전제로 하는 것이 바람직한 것으

로 판단된다.

한편, 동북아라는 지역은 안보, 무역, 금융, 문화 등의 관점에서 동북아 역외 지역에의 대외 의존성이 매우 강한 특징을 가진다. 즉, 동북아는 세계안보, 세계경제, 국제금융, 국제문화흐름 등의 현상들과 매우 강한 연계성을 맺고 있다. 이러한 배경에서 위의 7개 국가가 가지게 되는 멤버 구성과는 차별적으로 '옵서버observer' 등과 같은 카테고리의 참여자를 적극 유치하는 노력이 필요하다고 본다. 왜냐하면 동북아 지역의 특성상 대외 의존성이 강하다는 사실은 다양한 역외 행위자의 긍정적이고 적극적인 관여가 어떤 형태로든 동북아 문제의 해결에 도움이 될 것이기 때문이다.

따라서 대표적으로 동남아 주요국(인도네시아, 말레이시아, 베트남 등), 호주, 캐나다, 유럽연합EU: European Union 등과 같은 국가들은 물론 유엔UN: United Nations과 같은 국제기구도 참여할 수 있도록 멤버 구성에 일정한 개방성을 부여하는 전략이 도움이 될 것으로 판단된다.

5) 현 동북아상황에 대한 인식

동북아 평화협력구상 실천을 위한 원칙의 차원에서 또 한 가지 중요하게 고려해야 할 점은 현재와 같은 한일관계 및 중일관계의 경색은 동북아 평화협력구상의 추진에 커다란 걸림돌로 작용될 수 있다는 점이다. 물론 역내 국가들 간 불신의 심화는 역설적으로 동북아 평화협력구상의 필요성이 더 절실히 요구된다는 정당성을 제공한다고 해석할 수도 있다.

따라서 한일관계의 개선을 위한 정부 및 민간 차원의 지속적인 노력이 필요하다. 또한 미국, 중국, 일본 등과 같은 동북아 내 유력 행위자 국가는 각자 저마다 나름대로의 동북아 전략을 추진하고 있는 현실이다. 따라서 이들 국가들의 동북아 전략을 면밀히 분석하면서, 한국 정부의 동북아 평화협력구상이 이들 국가들의 지역전략과 상충되지 않는 추진원칙과 전략을 수립하는 노력이 필요하다고 하겠다.

그리고 일부 사람들은 동북아 평화협력구상이 2011년 하반기에 의욕적으로 출범한 '한중일 3국 협력사무국'과 정체성의 차원에서 상당 부분 중복된다고 지적할 수 있다. 그런데 이러한 지적과 관련하여서는 동북아 역내에 다양한 다층적인 상호의존관계가 형성된다면 기본적으로 평화와 협력의 문화가 정착될 가능성이 더욱 커진다는 적극적인 사고로 대처해 나가야 할 것이다.

6) 북한 문제

동북아 평화협력구상이 초기 시점에서 북한 문제와의 연계성을 가능한 한 차단할 것으로 알려져 있지만, 그렇다고 하더라도 핵 문제를 포함한 북한 문제는 동북아의 평화와 협력을 논의하

동북아 평화협력구상이 기본적으로 한국 정부가 추진하는 '북한 비핵화 전략 및 정상화 전략과 어떻게 조화를 이룰 것인가'의 문제에 대한 내부적 전략 수립은 필요하다고 할 수 있다.

는 과정에서 핵심 사안이 아니 될 수 없다. 북한 문제의 경우 동북아 국가들마다 이해관계가 서로 다르고, 또한 일부 동북아 국가들의 참여를 꺼리게 만드는 성격을 가지므로, 초기 단계에는 북한 문제(비핵화 및 정상화)를 직접적으로 논의하지 않는 것이 바람직한 전략일 수는 있을 것이다.

하지만 동북아 평화협력구상이 기본적으로 한국 정부가 추진하는 '북한 비핵화 전략 및 정상화 전략'과 어떻게 조화를 이룰 것인가의 문제에 대한 내부적 전략 수립은 필요하다고 할 수 있다. 따라서 출범 시점에서 '북한의 참여'를 희망한다는 입장은 명확하게 천명하는 자세가 필요하다고 생각한다. 이와 관련하여 또 한 가지 미리 생각해 봐야 할 점은 북한 비핵화에 진전이 없는 상태에서, 동북아 평화협력구상이 북한을 배제한 채 출범할 경우, 국민들은 물론 국제사회에서 어려운 사안은 뒤로 미루고 해결가능한 이슈만을 다룬다는 비판 의견이 제기될 수 있다는 점을 고려해야 할 것이다.

2. 주요 이슈

동북아 평화협력구상의 추진을 위한 주요 원칙들은 구체적인 이슈들의 선정과 이를 통한 협력이라는 방식으로 구현되어야 할 것이다. 동북아 국가들처럼 국가 정체성, 사회문화적 배경, 대외관계, 개별 동북아 전략 등이 다양한 지역에서, 이들 국가들이 모두 참여할 수 있는 공통의 이해관계가 걸린 이슈를 선정 및 개발하는 일은 쉽지 않을 것이다.

동북아 평화협력구상의 추진을 위한 이슈의 선정은 다음과 같은 기준들에 입각해야 한다. 첫째, 기본적으로 전통적인 안보 이슈를 중심으로 한 경성이슈hard issue가 아닌 상대적으로 하위정치low politics의 활성화를 강조하는 연성이슈soft issue 위주의 아젠다가 개발되어야 한다. 여기서 연성이슈를 통한 우선적인 협력의 모색은 전략적인 선택으로 이해되어야 한다. 왜냐하면 기본적으로 동북아 평화협력구상은 특정한 목표의 제도적 완결성을 사전적으로 설정하지 않는다는 차원에서, 연성이슈를 시작으로 단계적으로 발전하여 경성이슈들의 협력을 추구하는 기능주의적 접근과는 차별성을 보이기 때문이다.

둘째, 동북아 평화협력구상은 기존 양자 중심의 외교관계를 대체하거나 혹은 차제에 동아시아 지역에서 근자에 활성화되고 있는 다자주의 출현의 모멘텀을 반감시켜서는 안 될 것이다. 따라서 동북아 평화협력구상에서 추구하는 동북아 지역의 협력과 평화공존의 문제가 정착되기 위해서는, 기존의 양자 및 다자 외교관계가 핵심적으로 다루고 있는 이슈들과 상충되어서는 안 된다. 어떤 형태로든 복수의 역내 네트워크 형성이 동북아의 평화에 도움이 될 것이라는 판단하에, 상대적으로 동북아 지역에서는 정착되지 않은 '협력과 공존의 문화'가 생겨날 수 있도록 목표를 설정하고 또한 관련 이슈를 선정해야 할 것이다.

셋째, 동북아 역내 국가들의 동북아전략을 분석하고 이를 고려해야 하는 관계로, 당사자 국가들이 거부감을 가지지 않고 수용할 수 있는, 한 마디로 개별 국가의 이해와 동북아 전체의 이해가 맞물릴 수 있는 의제를 개발해야 한다. 동북아 평화협력구상이 주도할 이슈는 그야말로 동북아 역내 국가들 간 협력의 메커니즘을 정착시키는 목적에 합목적적으로 작용해야 한다. 많은 외교관계의 사례에서 보듯이, 이슈는 협력의 문화를 촉진시키기도 하고 때로는 협력의 문화를 저해하기도 한다. 전자의 성과를 거두기 위해서는 모든 참여자의 이익과 맞닿아 있는 이슈여야 할 것이다.

이슈 선정과 관련한 기준들을 종합적으로 고려할 때 다음과 같은 5가지 이슈를 고려해 볼 만하다. 이들 5가지 이슈는 '인문학적 공감대', '동북아와 고령화 사회', '동북아 블루스카이 프로젝트', '자연재해 공동대처', 그리고 '동북아 핵안보협력'으로 구성된다. 물론 동북아 역내 국가들이 이들 이슈들에 대해 일정 부분 상이한 이해관계를 가지고 있는 것으로 알려져 있지만, 동북아 평화협력구상의 기준과 원칙들을 만족시키면서 궁극적으로 동북아 국가들의 국가이익을 충족시켜줌은 물론 동시에 역내 국가들 간 협력과 평화로운 공존의 문화가 생겨나는 데에 의미 있는 기여를 할 수 있을 것으로 판단된다.

1) 인문학적 공감대

2013년 6월 27일에 개최된 한중 정상회담 결과의 하나로 한국 정부와 중국 정부는 양국의 역사, 문화적 자산을 외교관계의 강화를 위해 적극 활용하는 방안을 추진하고 있다. 소위 '한중인문유대'라는 이름하에 두 국가가 보유한 다양하고 풍부한 문화적 자원을 일종의 공공외교적 관점에서 활용하여, 한국과 중국의 문화역량을 개발하면서 동시에 외교관계의 강화를 추구한다는 문제의식에 기반하고 있다.

동북아 평화협력구상의 실천을 위한 이슈 선정과 관련하여 한중 정상회담을 계기로 한국과 중국이 이뤄낸 이와 같은 의미 있는 합의를 적극 활용하는 방안을 생각해 볼 수 있다. 동북아 국가들은 각기 고유한 차별성을 가지고 있다. 유럽 국가들과 같은 지역통합이 쉽게 이뤄지기 어려운 여러 가지 이유 중에는 사회·문화·역사적 차별성 때문이라는 설명이 다수 있다. 하지만 현실 세계에서는 차별성의 존재가 공동체 정신을 만들어 나가는 데에 방해가 된다기보다는, 서로 무

> 인문학적 공감대의 확산은 사람들의 생각, 인식, 세계관 등에 가장 중요한 영향을 미치는 요인이라는 관점에서, 지금은 인식의 차이를 좁히기 어렵지만 향후 교과서 문제나 역사인식 문제 등의 이슈들에 있어서 문제 해결의 가능성을 제공해 줄 수 있을 것으로 기대된다.

엇이 다른가에 대한 확인과 인식을 가능케 하여 경우에 따라 공동체를 구성하는 데에 촉진요소가 될 수도 있다. 이러한 점에 착안하여 한국과 중국을 시작으로 동북아 차원의 인문학적 연대를 시도하는 일은 의미 있는 전략으로 이해될 수 있겠다.

실제로 동북아 역내 국가들 사이에서 인문학적 공감대는 이미 활발한 성과를 보이고 있는데, 지난 1994년 한·중·일 3국 간 '베세토연극제'가 베이징, 서울, 도쿄를 순회하면서 매년 개최되고 있다. 또한 유럽 대학들 간 지식 교류 프로그램인 '에라스무스 프로젝트'를 참고하여 한·중·일 3국은 2011년 '캠퍼스 아시아 사업'을 시작하였는데 '한·중·일 대학교류프로그램'이라는 이름하에 3국에서 총 25개 대학이 참여하여 원하는 곳 어디서든 교육을 받을 수 있는 지식 공유 사업이 진행 중에 있다.

이러한 다양한 사업들의 경험을 토대로 미국 및 러시아 등으로 참여의 범위를 넓혀가면서 동북아 역내 국가들 사이에 인문학적 공감대를 넓혀가는 사업을 고려해 볼 수 있다. 인문학적 공감대의 확산은 사람들의 생각, 인식, 세계관 등에 가장 중요한 영향을 미치는 요인이라는 관점에서, 지금은 인식의 차이를 좁히기 어렵지만 향후 교과서 문제나 역사인식 문제 등의 이슈들에 있어서 문제 해결의 가능성을 제공해 줄 수 있을 것으로 기대된다.

인문학적 공감대의 확산은 특히 동북아 평화협력구상의 제안 과정에서 핵심 조건으로 설정하고 있는 '정부 및 비정부 행위자'가 조화를 이루며 참여하는 '투트랙 전략'의 성격에 매우 잘 부합할 것으로 보인다. 인문학에 대한 고민과 지식 교류사업은 정부 혹은 비정부 어느 누구의 추진만으로는 실천되기 어려운, 두 가지 행위자 사이의 다양한 협력체계가 필요하기 때문이다.

2) 동북아와 고령화 사회

동북아 지역은 최근 인구 구성에 있어서 매우 중요한 변화 양상을 보이고 있는데, 잘 알려진 바와 같이 대부분 고령화 사회로 매우 빠른 속도로 진입하고 있다는 점이다. 일본은 이미 오래 전에 세계 최고 수준의 고령화 사회로 접어들었는데, 2013년 55세 이상 인구가 전체 인구의 45%에 해당하며 일본 인구의 중간값은 45.8세라고 한다.

한국 역시 최근 고령화 사회가 중요한 사회적 문제가 대두되고 있는데, 유엔인구활동기금UNFPA: UN Fund for Population Activities이 발표한 2013년 세계노인복지수준에 의하면 조사 대상인 세계 91개 국가 중에서 한국은 67위를 차지해 아프리카의 가나와 비슷한 수준으로 동북아 평화협력구상은 역내 국가들 간 제도적 완결성을 추구하는 것이 아니라 '협력과 평화로운 공존'의 관습을 만들어 가는 노력이다. 따라서 인구 변화와 고령화 사회 문제와 같은 삶의 조건에 가장 기초적인 현상들에 대한 고민은 동북아 평화협력구상이 추구하는 목적에 잘 부합할 수 있을 것으로 판단된다.

발표되었다. 2050년이 되면 한국 인구의 37.4%가 노인(65세 이상)이 된다. 현실적으로 표현하자면, 지금은 인구 6명이 한 명의 노인을 책임지는 상황이지만, 2050년이 되면 인구 1.4명이 한 명의 노인을 책임져야 하는 상황이 된다고 한다. 여기에는 노인을 책임지는 것만이 문제가 아니라 노령화 사회로 인한 경제활동의 위축, 사회적 침체, 각종 거시경제지표의 위기 등의 문제들을 곰곰이 생각해 봐야 할 것이다.

흥미로운 사실은 중국 역시 매우 빠른 속도로 고령화 사회로 다가가고 있는데, 중국은 2013년 60세 이상의 고령인구가 2억 명을 넘어서고 있으며, 향후 20년간 고령화 사회로의 진입이 가속화되어 복지 등 각종 사회 문제가 확산될 것으로 전망된다. 한편 미국 역시 동북아 3국과는 또 다른 차원에서 소위 '다문화 고령화 사회' 현상으로 골치를 앓고 있다. 전반적으로 인간의 수명이 길어지면서 사회 평균 나이가 고령화되는 현상 자체를 피할 수는 없다.

인구 구성의 변화는 어느 국가를 막론하고 정치·경제·사회·문화 등 사회 모든 영역에 걸친 변화를 초래하게 된다. 한·중·일을 포함하여 대부분의 동북아 국가들이 다가오는 고령화 사회에 대해서 함께 고민하면서, 개별 국가 차원에서 대처할 일과 지역 차원에서 함께 대처할 일이 균형을 이루며 문제들을 해결해 나간다면 역내 국가들 간 협력과 공존의 문화가 생겨나는 데에 크게 기여할 수 있을 것으로 기대된다. 동북아 평화협력구상은 역내 국가들 간 제도적 완결성을 추구하는 것이 아니라 '협력과 평화로운 공존'의 관습을 만들어 가는 노력이다. 따라서 인구 변화와 고령화 사회 문제와 같은 삶의 조건에 가장 기초적인 현상들에 대한 고민은 동북아 평화협력구상이 추구하는 목적에 잘 부합할 수 있을 것으로 판단된다.

3) 동북아 블루스카이 프로젝트

국제정치 이론에서는 물론 국제사회 현실에서도 잘 볼 수 있듯이, 지역의 문제와 글로벌의 문제는 독자성을 가질 때가 있는가 하면 또한 상호 의존성을 가질 때도 많이 있다. 즉 지구공동체 모두의 고민과 개별 지역의 고민이 유사할 때도 있고 더러는 차별적일 때도 있다. 그런데 환경 문제와 기후변화로 대표되는 일종의 삶의 자연적 조건의 변화와 같은 문제는 그 어떤 이슈보다도 '글로벌-지역' 사이의 연계성이 높다고 할 수 있다. 따라서 환경 문제는 글로벌

사회가 함께 풀어나가야 할 핵심 이슈이면서 동시에 동북아 모든 국가들 역시 첨예한 관심을 가지고 있는 사안이다.

환경 문제의 경우 동북아 역내 국가들의 이해관계가 매우 복잡한 것으로 알려져 있다. 대부분의 경우 환경 문제는 경제성장의 문제와 분리될 수 없기 때문에, 특히 이웃한 나라들끼리에 있어 어느 한 특정 국가의 환경 문제는 다른 국가의 경제성장과 직결되는 경우도 많다. 그럼에도 불구하고 한중일 3국은 환경 분야에 있어서 협력이 필수적이라는 인식을 이미 오래전부터 해왔다. 가장 대표적인 예가 '한중일 환경장관회의Tripartite Environment Ministers Meeting'인데 이미 지난 1999년부터 개최되고 있다. 2013년 5월 일본 기타큐슈에서 제15차 한중일 환경장관회의가 개최되었는데, 이는 한중일이 합의한 최초의 장관급 정례 미팅으로 알려져 있다. 지난 1990년대 중반 동북아의 이상 기온 및 황사 문제가 심각했다는 점을 감안하더라도, 이미 오래전에 다른 어떤 사안보다도 환경 문제를 협력의 아젠다로 합의했다는 사실은 동북아 평화협력구상의 실천과 관련하여 시사하는 바가 매우 크다.

이러한 배경에서 동북아 평화협력구상이 실천 단계에서 구체적으로 추진할 이슈의 하나로 '동북아 블루스카이Blue Sky' 프로젝트를 고려해 볼 만하다. 한·중·일을 포함한 많은 동북아인들이 환경 문제를 공동으로 해결하고 그 결과 파란 하늘을 함께 가진다는 사실은 생각만으로도 낭만적이고 즐거운 일이 아닐 수 없다.

사실 환경 문제는 전임 정부에서 많은 외교적 업적을 남긴 분야이다. 한국 주도의 첫 국제기구인 글로벌녹색성장연구소GGGI: Global Green Growth Institute를 발족시켰고, 환경 분야에서 한국의 외교적 입지를 강화 시켜준 성과가 있었다. 과거 정부의 과오는 극복하고 장점은 계승한다는 차원에서 환경 문제를 위한 동북아적 노력은 박근혜 정부의 '신뢰외교'라는 가치와도 좋은 조화를 이룰 것으로 생각된다. 바로 이러한 점은 동북아 평화협력구상이 가지고 있는 기본 정신과 맞닿아 있기도 하다.

다만 한 가지 우려되는 점은 환경 문제는 개별 국가의 국가이익과 첨예하게 연결되어 있어서, 이러한 이슈가 아젠다 설정으로 작용할 경우 중국의 협력을 쉽게 예측하기 힘들게 하는 부분이 있다. 잘 알려진 바와 같이 중국은 글로벌 차원에서 미국, 일본 등과의 환경협력 문제에서 늘 독자적인 목소리를 내면서 다른 나라와는 차별적인 이해방식을 보이고 있는 것이 사실이다. 하지만 한 가지 긍정적인 점은 최근에 들어 중국 내부에서 환경 문제에 대한 포괄적이고 전향적인 시각이 차츰 생겨나고 있다는 점이다. 이는 대부분 중국 내부 문제가 심각해지면서 나타난 변화인데, 이러한 변화를 동북아 평화협력구상의 모멘텀으로 활용하는 전략이 필요할 것이다.

4) 자연재해 공동대처

동북아 평화협력구상이 지향하는 가장 최우선적인 가치는 동북아 지역에 살고 있는 사람들의 일상적인 이익에 부합하면서 그러한 이익의 실현이 결과적으로 동북아라는 지역에 하나의 공동체적 정체성을 불어 넣어, 궁극적으로 평화로운 공존을 가능케 하는 데에 있다. 그렇다면 무엇보다도 최근 이 지역에서 급증하고 있는 각종 자연재해의 피해에 공동으로 대처하는 노력이야말로 가장 중요한 이슈가 아닐 수 없을 것이다.

최근에는 자연재해 공동대처에 대한 한중일 3국 간 공통의 이해관계가 형성되어 2013년 10월 말 한국에서 '제3회 한중일 재난관리 기관장회의'가 개최되었다. 이 준비를 위한 사전회의 성격으로 2013년 8월 27일 서울에서 '제3회 한중일 재난관리 실무회의'가 개최된 바 있는데, '한중일 3국 협력사무국Trilateral Cooperation Secretariat'의 관계자는 물론 유엔국제재해경감전략기구UNISDR: UN International Strategy for Disaster Reduction 동북아사무소 관계자까지 참석하여 동북아 지역의 자연재해를 공동으로 해결하고자 하는 역내 국가들의 높은 관심을 반영하였다. 동북아 지역의 자연재해 피해에 대한 관심은 그 사안의 중요성을 고려해 볼 때 향후 관련국들이 공동대처의 범위와 수준을 더욱 확대할 것으로 예상된다.

재난에 대한 공동대처의 문제는 특정 손실에 대한 복구와 보전을 의미하는 데에 그치지 않고, 미래의 자연재해를 적극적으로 예방하는 차원에서 데이터베이스 구축, 정보교환, 공동훈련, 실제 상황에 대비한 도상훈련 등을 포함하고 있다는 관점에서 협력에 참여하는 참여국들 간 실질적인 협력의 문화가 생겨나는 데에 큰 영향을 미칠 것으로 풀이된다. 최근 한·중·일은 물론 북한, 몽골, 러시아 극동지방 등은 모두 이상 기상현상으로 인해 폭염, 홍수, 가뭄 등의 재해가 급증하고 있는 관계로 자국 국민들의 생명과 재산을 보호하기 위한 협력체계를 구축하는 데에 많은 관심을 가지고 있다. 또한 자연재해에 대한 공동대처는 이미 기존의 국제기구들 및 다른 나라의 노력을 적극적으로 활용할 수 있다는 차원에서 실천적 추진의 가능성이 더 커 보이기도 하다. 일례로 미국 하와이에 본부를 둔 세계적인 재난구조기구인 태평양재해센터PDC: Pacific Disaster Center 등과 같은 기관들과 연계하여 동북아 문제를 더욱 효율적으로 풀어나갈 수 있을 것으로 기대된다.

한편, 다른 이슈와 비교하여 '자연재해에 대한 공동대처'라는 이슈가 가지는 장점의 하나로 북한의 참여 가능성을 높여 줄 수 있다는 점을 들 수 있다. 실제로 집권세력의 정치적 이해타산과 무관한 대다수

재난에 대한 공동대처의 문제는 특정 손실에 대한 복구와 보전을 의미하는 데에 그치지 않고, 미래의 자연재해를 적극적으로 예방하는 차원에서 데이터베이스 구축, 정보교환, 공동훈련, 실제 상황에 대비한 도상훈련 등을 포함하고 있다.

북한 주민에게 가장 큰 위협은 자연재해라고 해도 과언은 아니다. 북한의 이러한 현실은 장기적으로 동북아 평화협력구상이 북한을 상대로 한 관여 정책의 가능성을 보여주는 의미를 가지고 있는 것이다.

5) 동북아 핵안보협력

마지막으로 동북아 국가들 간 '핵안보협력'이라는 이슈를 적극 고려해 볼 수 있다. 기본적으로 핵이라는 사안은 국제적으로 매우 복합한 성격을 가지고 있는데, 현재 국제사회 차원에서 핵과 관련한 다양한 문제점을 접근하는 방식은 크게 4가지 분야에서 진행되고 있다. 핵무기확산을 막는 핵확산금지조약NPT: Nuclear Non-Proliferation Treaty, 미국-러시아를 중심으로 한 기존 핵무기감축, 핵의 평화로운 사용을 보장하는 원자력협정, 그리고 불법적 핵 거래 및 핵시설 안전과 관련한 핵안보, 이렇게 4가지 분야에서 핵 문제가 논의되고 있는데, 동북아 평화협력구상은 이 중에서 마지막 이슈인 동북아 핵안보 문제의 해결을 시도하자는 것이다.

물론 이러한 아이디어는 대단히 새로운 것은 아니다. 이미 2012년 핵안보정상회의가 열렸을 때 한국의 수도 서울을 중심으로 한·중·일에 걸쳐 동북아에 심각한 핵안전의 문제가 있음이 제기된 바 있다. 이미 지난 2011년 3월 11일의 동일본 대지진 당시 동북아 역내 주민들은 핵안보의 중요성을 실감한 바 있다. 특히 중국의 경우 향후 지속적인 경제성장이 예고되어 있고 이를 뒷받침하기 위한 중국 동부 해안 지방을 중심으로 핵발전의 중요성이 더욱 강조될 것인데, 그럴수록 동북아 핵안보협력을 동북아 평화협력구상의 핵심 이슈로 설정할 필요가 있어 보인다. 잘 알려진 바와 같이 북한의 핵시설도 이미 상당히 노후한 상태여서, 핵안전에 심각한 문제가 제기되고 있는 현실이다.

핵안보의 경우 원자력 에너지에 대한 근본적인 입장을 요구한다는 차원에서 경우에 따라 정치적 사안으로 확산될 수도 있지만, 인명, 환경, 경제성장 등 많은 문제와 밀접하게 연결되어 있다는 차원에서 동북아 국가들의 핵심 공동 관심사안이 아닐 수 없을 것이다.

III. 향후 5년간 동북아 평화협력구상 로드맵

1. 주요 단계 구성과 추진과제

동북아 평화협력구상 추진을 위한 로드맵은 기본적으로 '환경 조성기', '출범기', '성과기', '정착기' 등 4단계로 구성되며, 각 기간별 주요 내용 및 추진 과제는 다음과 같다.

1) 환경 조성기(2013):
동북아 평화협력구상에 대한 논리 및 추진전략 개발과 홍보 작업

2013년 하반기(2014년 상반기 일부 포함)를 동북아 평화협력구상 실천을 위한 '환경 조성기'로 설정하여, 동북아 평화협력구상과 관련한 논리 확보, 추진전략 개발 및 국내외 홍보 활동에 집중하는 노력이 요구된다. 이 과정에서 정부 내에 태스크포스 taskforce를 운영 및 가동해야 할 것으로 보인다.

관련 분야 전문가들을 활용하여 동북아 평화협력구상의 논리적 토대를 마련하고, 이를 토대로 국내 및 국제사회에 적극 소개하는 단계이다. 특히 국제사회를 대상으로는 동북아 평화협력구상이 미래 시점에서 가져다 줄 동북아의 미래 모습에 대한 구체적인 비전을 제시함으로써 해당 관계국이 구체적으로 이해하고 신뢰할 수 있는 상세한 정보와 지식을 제공해야 할 것이다.

정부, 시민사회, 전문가그룹, 기업, 국제기구 등 다양한 외교자원 및 외교관계 트랙을 적극적으로 활용한 공감대 형성이 무엇보다도 중요한 시기이다. 구체적으로 정상급, 고위급, 실무급 회담들을 통해 동북아 평화협력구상의 필요성을 적극 홍보한다. 또한 국제회의, 민간 세미나, 시민사회의 각종 토론 기회 등을 통해 동북아 평화협력구상 공감대의 횡적 및 종적 확대를 꾀해야 할 것이다. 특히 민간 전문가들의 외연을 확대하여 기업, 비정부기구NGO: Non-Government

특히 국제사회를 대상으로는 동북아 평화협력구상이 미래 시점에서 가져다 줄 동북아의 미래 모습에 대한 구체적인 비전을 제시함으로써 해당 관계국이 구체적으로 이해하고 신뢰할 수 있는 상세한 정보와 지식을 제공해야 할 것이다.

Organization, 언론종사자 등을 대상으로 동북아 평화협력구상의 필요성에 대한 공감대를 확산시켜, 이들이 다시 다양한 경로를 통해 동북아 평화협력구상에 대한 이해도 확산시키도록 할 필요가 있다.

이와 동시에 기존에 작동하고 있는 각종 양자외교, 동북아 기구, 역내 정기행사 등을 적극 활용하는 전략이 수립하면 큰 도움이 될 것으로 판단된다.

2) 출범기(2014): 동북아 평화협력구상에 대한 국내외적 지지확산과 협력방안의 구체적인 공표

'환경 조성기'를 거쳐 2014년을 '출범기'로 설정하여 동북아 평화협력구상의 출범이 가시적인 형태로 나타나는 단계로 설정하고자 한다. '환경조성기'와 '출범기' 사이에 시기적으로 간극이 너무 크지 않아야 하며, 또한 그 과정에서도 신속하고 효율적인 전환과정이 필요할 것으로 보인다. 왜냐하면 동북아 지역은 언제나 역내 국가 간 위기가 발생할 가능성이 상존해 있어, 예기치 못한 사건 및 상황이 동북아 평화협력구상의 출범을 심각하게 방해할 수도 있기 때문이다. 또한 '환경 조성기'에서 발생한 정책 추진을 위한 동력이 소멸되지 않도록 '출범기'로의 신속한 전환이 필요할 것으로 판단된다.

이 단계의 핵심 내용은 동북아 평화협력구상의 내용에 부합하는 각종 미래 비전 및 협력사항을 공표 및 제안하는 것이다. '환경 조성기' 기간 동안 어떠한 동북아 미래 모습을 만들고 또 그러기 위해서는 어떠한 협력사항을 구체화해야 할 것인가에 대한 공감대를 형성하는 노력이 진행되었다면, '출범기'에서는 이러한 노력을 구체적으로 밝히고 그 공감대를 대내외적으로 공표하는 과정이 포함되어야 한다.

기본적으로는 정부와 민간 행위자 모두 정상회담, 고위급회담, 국제회의 등과 같은 각종 외교관계를 통해 동북아 평화협력구상의 출범을 당연시하고 관련 추진 정책에 대한 구체적인 지지를 확보하는 노력이 진행된다. G20 정상회의 및 아시아태평양경제협력체APEC: Asia-Pacific Economic Cooperation 등의 다자외교에서 '동북아 평화협력구상'과 관련한 별도의 회의 세션을 구성하도록 노력하고, '재난구호', '사이버안보', '기후변화', '자연재해공동방안' 등과 관련한 이슈들을 중심으로 동북아 국가들 간 협력체제와 관련한 각종 기초 작업을(데이터베이스, 인적 연결망 확보 등) 완비한다. 물론 이 과정에서 동북아 국가들을 적극 참여시키는 방안이 마련되어야 할 것이다.

또한 전직 관료 및 명망가 등이 참여하는 '동북아 현인클럽Northeast

Asian Wiseman Club'을 조직한다든
지, 동북아 역내 국가들 간 순수 민
간 참여자들로 구성된 '동북아 평화
협력포럼'을 구성하는 등의 노력이
포함되는 것이 효과적일 것으로 판
단된다.

서울에서 가능하다면 7개 국가 모두
혹은 현실적인 선택으로 5~6개 국
가가 참여하는 '동북아 정상회담'을
개최하고 이들 정상들이 '동북아 평
화선언'을 채택할 수 있을 것이다.

3) 성과기(2015):
정상회담을 통한 동북아 평화협력구상의 핵심 성과 도출

'환경 조성기'와 '출범기'를 거쳐 2015년을 동북아
평화협력 추진을 위한 '성과기'로 설정하고, 박근혜 정부 임기 내에서
동북아 평화협력구상의 실천이 가장 두드러지게 이뤄지는 단계로 삼
아야 한다. 이러한 목적에 부합하기 위한 핵심적인 성과로는 '동북아
정상회담' 개최 및 '동북아 평화선언'의 이행을 들 수 있다.

서울에서 가능하다면 7개 국가 모두 혹은 현실적인 선택으로 5~6
개 국가가 참여하는 '동북아 정상회담'을 개최하고 이들 정상들이 '동
북아 평화선언'을 채택할 수 있을 것이다. '환경 조성기' 시점부터 동
북아 정상회담 성사를 위한 다양한 물밑접촉을 진행하고, 한편 '동북
아 평화선언'의 내용을 위한 초안작업 및 관련 당자자국들과의 의견
교환이 조용하면서도 충분히 이뤄져야 할 것이다.

이러한 성과가 도출되기 위해서는 국제사회가 동북아 평화협력구상의 내용을 충분히 공감하고, 옵서버 등이 자발적으로 참석할 수 있는 분위기의 조성이 필요하다. 또한 한 가지 명심해야 할 점은 두 가지 노력이 동시에 서로 맞물려야 하는데, 한편으로는 파급효과가 큰 정상 간 회담을 상징적인 차원에서 추진하고, 동시에 또 다른 한 축에서는 동북아 국가들의 호혜적인 이익을 보장해 주는 구체적인 이슈를 매개로 참여 국가들 간 상시적인 연결고리를 확보하여야 한다.

4) 정착기(2016/17):
‘동북아 협력 문화’ 정착 및 한반도 문제와의 연동

성과기에서 이룩한 ‘동북아 정상회담’을 정례화하고, 협력을 도출한 이슈 영역을 중심으로 항시적인 해결논의 방식을 확보한다. 이 과정에서 관련 국가의 동의를 전제로 필요한 경우 정기적인 논의 창구(사무국)의 추진을 모색해 볼 수 있다. 이러한 일련의 노력과 과정을 ‘서울 프로세스’라고 명명하고, 동북아 역내 구성원들에게 이 지역에 ‘협력과 평화로운 공존’의 문화가 차츰 생겨나고 있다는 점을 깨달을 수 있도록 ‘서울 프로세스’ 성과의 확산을 위해 노력한다.

정착기에 접어들게 되면 동북아 평화협력구상이 한반도 평화와도 일정한 연동효과가 발생한다는 점을 보여줄 필요가 있을 것이다. 어떤 형태로든 북한의 참여가 가시화되어야 할 것으로 판단되며, 한편

완전한 비핵화는 아니더라도 핵 문제에 있어서 최소한의 성과가 병행되어야만 동북아 평화협력구상의 논리적 정당성이 더욱 공고히 확보될 수 있을 것으로 보인다.

2. 향후 5년간 로드맵

[그림 2] 동북아 평화협력구상 2013~2017년 로드맵

2013년(조성기)	2014년(출범기)	2015년(성과기)	2016/17년(정착기)
• 정부 내 태스크포스 구성 • 논리개발, 로드맵 준비 • 정부, 민간전문가 통한 홍보 • 국제사회로부터 지지 확보	• 동북아 평화협력구상 공식화 • 관련국을 대상으로 적극 설명 • 협력을 위한 이슈 선정 • 동북아 현인회의 출범	• 동북아 정상회의 개최 • "동북아 평화를 위한 협력의 10년" 선언 • 구체적 이슈에서 공동 이익 창출 • 동북아적 공동체 의식 가시화	• 정상회의(외교장관) 정례화 • 협력의 문화·관습 가시화 • 한반도 문제와의 긍정적 연계 • 동북아 시민사회 간 네트워크적 결합

단계		단계별 주요 내용
조성기 (2013)	핵심 전략	- 정부 내 태스크포스 구성 - 국내외 관련자에게 소개할 수 있는 정확한 비전, 내용, 전략 준비 - 국내외 홍보를 위한 각종 세미나, 미팅, 회담 등
	고려 사항	- 한일관계 등 주요 전제 조건들이 해결될 수 있도록 노력 - 다른 외교트랙에서 북한 문제(비핵화)의 해결을 위한 병행 노력
	행위 주체	✛ 정부: 다양한 대외 접촉을 통해 동북아 평화협력구상의 필요성을 확보 ✛ 비정부행위자: 국내외적 공감대 확산, 다양한 참여자 확보, 논리 개발
출범기 (2014)	핵심 전략	- 동북아 평화협력구상의 구체적인 출범 - 협력의 이슈 선정(동북아 사이버안보협정, 동북아 기후변화협약, 동북아 재해구호협정 등)
	고려 사항	- 추동 에너지가 소진되지 않도록 효율적이고 전략적인 출범을 위해 노력 - 정상회의 및 선언에서 구체적으로 명시할 전략적 이슈의 선정 및 여론 지지 확보
	행위 주체	✛ 정부: 정상외교를 중심으로 국제사회에 적극 홍보 및 지지 확보, 고위 관료 및 실무급을 중심으로 동북아 관련국들에게 적극적인 전달 ✛ 비정부행위자: '동북아 현인회의,' 자체적으로 혹은 국제기구와 연계한 회의 등을 통해 공감대 확산

단계		단계별 주요 내용
성과기 (2015)	핵심 전략	– 서울에서 '동북아 정상회의' 개최 및 '동북아 평화협력선언' 발표 또는 동북아 문제를 적극적으로 직시한 "동북아 평화를 위한 협력과 공동체 정착의 10년" 선언
	고려 사항	– 각국의 동북아전략을 침해하지 않는 전략 개발 및 아젠다 설정
	행위 주체	✛ 정부: 정상회의(혹은 외교장관회의) 정례화 합의, 구체적인 이슈를 중심으로 정부간 각종 협력방안 합의 ✛ 시민사회: 동북아인으로의 정체성 창출을 위한 다양한 민간 의 노력 활성화
정착기 (2016/ 17)	핵심 전략	– 정상회의(혹은 외교장관회의) 정례화 실천 – 동북아 국가 간 합의를 전제로 서울에 사무국(대화창구) 개설 합의 및 오픈
	고려 사항	– 동북아 역내 평화협력이 모두에게 이익이라는 긍정적인 사고 가 생겨나 개별 국가 정책 차원에서 이러한 사고가 반영되는 현상이 가시화
	행위 주체	✛ 정부: 일정한 수준의 제도화 성과 도출(협력의 관습, 사무 국 등), 북한의 참여 유도 혹은 북한 문제 해결 관련 성과 도출(지원, 관여) ✛ 시민사회: 동북아 내 민간행위자들을 중심으로 다양한 네트 워크 형성, 이러한 네트워크가 동북아 평화협력의 문화를 증 진시키는 선순환구조 모색

대부분의 경우 선거에서 승리한 정치 지도자는 본인이 가지고 있는 정치적 자산을 극대화할 수 있는 방향으로 정책을 수립하고 이를 실천할 국가전략을 고민할 것이다. 박근혜 대통령 역시 본인이 보편적인 영역에서 가지고 있는 정치적 자산인 신뢰, 약속, 일관성 등의 가치들이 국가 정책과 맞닿아 있어야 한다는 판단을 했을 것으로 짐작되며, 동북아 평화협력구상 역시 박근혜 정부의 정체성과 장점이 잘 반영된 정책 구상이라고 볼 수 있다. 즉 동북아 국가들에게 직면한 많은 문제 역시 궁극적으로 신뢰와 믿음의 문화가 정착되어야만 해결될 수 있다는 생각을 정책적으로 구현하고자 하는 접근으로 이해된다.

아시아 패러독스에 대한 적극적인 대처방안, 한국이 가지고 있는 동북아 국가로서의 정체성(박인휘 2005), 미국과 중국 간 새로운 세력관계 속에서 자율성의 한계를 가지는 한국 정부의 역할, 한국 시민사회의 역동성, 이러한 요인들을 복합적으로 고려한 결과가 박근혜 정부의 동북아 평화협력구상이다.

5년간의 로드맵이 현실화되기 위해서는 해결해야 할 많은 과제들이 산적해 있다. 외교관계에 신뢰의 가치를 적용하고자 하는 박근혜 정부의 창의적이고 전략적인 노력을 높이 평가하면서도, 동북아 평화협력구상의 성공적인 추진을 위해서는 앞으로 보다 정교한 정책개발이 요구된다고 하겠다.

제3장

역대 정부의 동북아 협력체제 구상 평가

I. 역대 정부의 동북아 협력체제 구상

한국의 역대 정부들은 예외 없이 동북아의 양자동맹 위주 안보 기제를 보완하는 방안으로서 다자안보협력체제를 구상하고 실현하기 위해 노력해 왔다. 이러한 과거의 노력과 비교해 볼 때 박근혜 정부의 동북아 평화협력구상은 기존 '다자안보' 혹은 '다자안보협력 제도화' 등의 논의와의 차별화를 시도하는 한편, 남북한 관계의 정상화를 위한 '한반도 신뢰프로세스'와의 시너지 효과를 통해 한반도와 동북아의 안정과 평화를 추구한다는 지향점을 지닌다.

동북아 평화협력구상은 과거 정부들이 '안보'에 중점을 두어 추진했던 다자안보협력보다 넓은 개념으로 이해된다. 동북아 평화협력구상은 한반도 신뢰프로세스의 외연을 구성하며, 한반도의 평화와 번영이 동북아 전체의 평화와 불가분의 관계에 있다는 점을 강조한다.

동북아 평화협력구상은 '아시아 패러독스' 극복을 통해 동북아에서 지속가능한 평화와 안정을 실현하자는 구상으로, 동북아 지역에 온존하는 역사적 갈등과 영토 문제, 민족주의적 감정의 충돌 등 전통적 안보위협과 새로이 출현하는 비전통적 안보위협을 다자 메커니즘으로 대처하기 위한 발상이다. 역내의 다양한 불확실성에 대처하여 한반도 신뢰프로세스와 동북아 평화협력구상을 병행 추진함으로써 동북아의 평화와 한반도의 평화가 선순환 구조를 이루도록 한다는 것이 주된 목표이다. 동북아 평화협력구상은 과거 정부들이 '안보'에 중점을 두어 추진했던 다자안보협력보다 넓은 개념으로 이해된다. 동북아 평화협력구상은 한반도 신뢰프로세스의 외연을 구성하며, 한반도의 평화와 번영이 동북아 전체의 평화와 불가분의 관계에 있다는 점을 강조한다.

한국의 모든 역대 정부에서 동북아 협력체제의 구상은 중요한 위치를 차지해왔던 바, 대부분 다자안보협력을 염두에 두고 구상된 것들이다. 다자안보협력은 대체로 셋 이상의 국가들이 전략적 차원의 정책 조율을 통해 상호신뢰를 구축하고, 전통적 안보위협이 분쟁으로

비화하는 것을 예방하는 동시에 비전통적 안보위협에 공동 대처하는 것을 말한다. 또한 다자안보협력은 양자 군사동맹이나 다자간 집단방위·집단안전보장체제보다는 낮은 수준의 안보협력이다. 집단방위체제는 비회원국가가 회원국에 대해 침략행위를 할 경우 이를 다른 회원국에 대한 침략으로 간주하고 공동대응을 약속·제도화함으로써 침략행위를 사전에 예방·억제하는 체제로서 북대서양조약기구NATO: North Atlantic Treaty Organization가 대표적이다. 집단안전보장체제는 어떤 국가가 회원국에 대해 침략행위를 할 경우 이를 다른 모든 회원국에 대한 침략으로 간주하고 공동대응을 제도화함으로써 침략행위를 사전에 예방·억제하는 체제로서 유엔이 대표적이다.

동아시아에서 역내 다자간 안보협력의 필요성을 제기한 주장은 고르바초프의 전아시아안보회의 제안(1986.7) 이후 국내외에서 다양한 형태로 제시되어 왔다. 한국의 역대 정부들도 노태우 대통령의 동북아 평화협의회 제안 이후 매 정부마다 빠지지 않고 역내 다자안보체제를 제안했었다. 2008년 3월 31일 케빈 러드 호주 총리가 워싱턴 방문길에 북핵 6자회담을 아·태 지역 안보협력기구로 발전시킬 것을 제안한 이후에는 박근혜 대통령이 한미 정상회담(2013.5.7)에서 제안한 동북아 평화협력구상이 유일한 사례이다. 당시 러드 총리는 1970년대 유럽안보협력기구OSCE: Organization for Security and Cooperation in Europe를 발족한 유럽의 경험을 본받아 아·태 지역 또한 지역안보협력체를 구축할 필요가 있다고 주장했다.

노태우 대통령은 1988년 10월 유엔에서 '동북아 평화협의회Consul-tative Conference for Peace in Northeast Asia' 창설을 제안했다. 동 제안은 당시 우리 정부가 추진하던 북방 정책의 동력을 얻고자 고르바초프 공산당서기장이 제안한 전아시아안보회의 제안(1986.7)에 화답하는 의미가 컸으나 실효적 추진력은 미미했던 것으로 평가된다. 당시 한국 정부는 외무장관을 위원장으로 하는 추진위원회를 구성(1988. 11.19)하고, 관련국들과 협의를 추진했으나 미국과 중국의 미온적 태도 및 북한의 반대로 실패에 그치고 말았다.

김영삼 정부는 1994년 5월 아세안지역포럼ARF: ASEAN Regional Forum과 아·태안보협력이사회CSCAP: Council for Security Cooperation in Asia-Pacific, 동북아협력대화NEACD: Northeast Asia Cooperation Dia-logue 등이 발족하는 추세에 힘입어 제1차 아세안지역포럼 고위관리회의ARF-SOM: ARF Senior Officials Meeting에서 동북아안보대화NEASED: Northeast Asia Security Dialogue 설립을 제안했다. 김영삼 정부는 동북아안보대화가 기존의 역내 양자협의체제 및 아세안지역포럼을 대체하는 것이 아니라 이를 보완하는 방향으로 추진되어야 함을 강조하면서, 협의의제로 지역정세, 경제협력, 재난구호, 환경, 기상분야 협력 등을 제시했다. 그러나 우리 정부가 아세안지역포럼 고위관리회의에서 동북아안보대화를 제시한 이후 구체적인 추진력을 발휘하지 못했고, 아세안 중심주의ASEAN-centrality에 의존하는 아세안지역포럼 체제의 한계성으로 인해 이들 다자대화체의 성과는 미흡했던 것으로 평가된다.

뒤이어 국민의 정부에서는 김대중 대통령이 한·일(1998.10), 한·중(1998.11), 한·러(1999.5) 정상회담에서 동북아 다자안보대화의 필요성을 제기했다. 그러나 상기 노력들은 관련국들과의 사전 협의 부재, 후속조치 미비 등으로 구체적인 결실을 맺는 데 실패했다. 또한 김영삼-클린턴 제주 정상회담에서 제안된 '한반도 평화체제 수립을 위한 4자회담' 방안(1996.4.16)도 일본과 러시아가 6자회담 형태로 수정을 요구하자 2003년 8월 27일 제1차 북핵 6자회담 개최까지 실질적 대화가 진행되지 못했다.

참여정부에 들어 노무현 대통령은 '평화·번영의 동북아시대' 구상에 대해 많은 관심과 기대를 표명한 바, 출범 초부터 동북아 다자안보협력의 중요성을 강조하고 추진의지를 강력히 표명했다. 노무현 정부는 "다자안보대화의 정례화를 통해 신뢰를 확대하고 안보협력의 수준을 제고하기 위해 노력할 것임"을 천명했다(NSC 사무처, 『평화번영과 국가안보』, 2004.3.1).

노무현 정부가 제시한 주요 내용은 다자안보대화의 정례화를 통해 신뢰를 확대하고 안보협력의 수준을 높이며, 환경·초국가적 범죄·보건 등 공통의 안보관심사에서부터 시작해 의제의 범위를 확대시키고, 기존 다자안보대화체를 활용함으로써 역내 다자안보대화를 주도하며, 북한의 참여를 유도하고 이를 뒷받침할 군사적 신뢰구축조치를 점차 확대한다는 것이었다.

아시아 지역에는 다수의 협력체제 구상이 제기되어 왔다. 우선 역내의 대표적인 다자안보협력 논의 메커니즘으로 아세안지역포럼을 들 수 있다. 아세안지역포럼은 아·태 지역 내 유일한 정부간 회의체로서, 역내 정치·안보 이슈를 논의하는 장을 제공해 왔으며, 지역국가들 간 상호신뢰구축, 투명성 증대, 예방외교 발전으로 역내 평화와 안정에 기여한 것으로 평가된다.

다자안보협력은 노무현 정부가 가장 체계적으로 제시한 것으로 평가되지만 지나친 이상주의와 의욕이 앞선 사례이기도 하다. 결국 노무현 정부의 다자안보 구상은 북핵 문제의 해결이 지연되는 등 추진 여건이 조성되지 않음에 따라 이렇다 할 성과를 내지 못한 채 끝났다. 더구나 참여정부가 강력히 추진한 '동북아 균형자론'에 대한 국제사회의 견제와 냉소적 반응으로 핵심 국가들의 지지를 확보하기가 어려웠고, 국내의 지지마저도 미흡했던 한계 등으로 인해 평화·번영의 동북아 시대 구상은 실효적으로 추진되지 못하였다.

한편 이명박 정부는 역대 정부들에 비해 상대적으로 다자안보대화의 필요성과 효용에 대한 인식의 부재를 드러냈다. 실상 1980년대 말 이후 역내 국가들이 앞 다투어 제안하던 다자간 안보협력 구상은 이명박 정부 초기 이후 5년 동안 추동력의 주체와 계기를 찾지 못하는 휴지(休止) 상태였다. 이명박 정부의 경우 북한과의 대립과 북한의

6자회담 거부 등 악재가 원인이기도 했지만 다자안보대화의 필요성과 효용성에 대한 대통령의 인식 부재가 다자안보대화 중단의 더 큰 요인이었다고 평가된다. 그 결과 이명박 정부 시기는 역내 다자안보협력 관련 성과나 가시적인 움직임이 없는 상태에서 박근혜 정부로 이어지게 되었다.

한국 정부가 주창한 동아시아 다자안보협력체제 외에도 아시아 지역에는 다수의 협력체제 구상이 제기되어 왔다. 우선 역내의 대표적인 다자안보협력 논의 메커니즘으로 아세안지역포럼을 들 수 있다. 아세안지역포럼은 아·태 지역 내 유일한 정부간 회의체로서, 역내 정치·안보 이슈를 논의하는 장을 제공해 왔으며, 지역국가들 간 상호신뢰구축, 투명성 증대, 예방외교 발전으로 역내 평화와 안정에 기여한 것으로 평가된다. 그러나 영토분쟁, 군비증강 등 지역안보와 직결되는 민감한 사안 논의 회피, 군사적 신뢰구축 조치 논의 부진, 미국 및 동북아 국가들의 역할 제한 등 한계도 노정했다. 회의는 외교장관회의, 안보정책회의, 고위관리회의, 신뢰구축 및 예방외교 회기간 회의, 전문분야별 회의 등으로 구성된다. 2000년부터 「연례안보평가서Annual Security Outlook」를 발간하고 있으며, 2004년부터는 국방부 관리들이 참여하는 안보정책회의ARF Security Policy Conference를 정례화했다.

상하이협력기구SCO: Shanghai Cooperation Organization는 1996년 중국 주도로 결성된 '상하이 파이브' 정상회의에 2001년 우즈베키스탄이 가입함에 따라 출범하게 되었다. 회원국은 중국, 러시아, 카자흐스탄, 키르기스스탄, 타지키스탄, 우즈베키스탄 등 6개국이다. 상하이협력기구는 중앙아시아 지역안보 문제를 협의하는 정부 차원의 다자안보협력기구로서 국경을 확정하고, 국경 지역의 신뢰구축, 군사력 감축 문제 등을 성공적으로 추진하고, 분열주의, 종교적 극단주의, 국제테러리즘을 척결하는 노력을 진행함과 더불어, 중국·러시아 및 기타 회원국들을 중심으로 다양한 연합 군사훈련도 실시하고 있다. 상하이협력기구는 2004년 1월 중국 베이징에 사무국을 설치하여 기구의 제도화·조직화를 이룩하였으며, 최근에는 경제분야에까지 협력 범위를 확대하고 있는 바, 동북아 다자안보협력체 설립에 많은 점을 시사한다.

아·태안보협력이사회CSCAP는 민간 차원의 안보대화협력기구로서 지역안보 문제에 대한 연구와 정책건의를 통해 정부 차원의 안보협의를 촉진시키고, 아세안지역포럼에 대한 자문기구 역할을 수행하고 있다. 아·태안보협력이사회는 1994년 동아시아 21개국 민간 연구소들이 주축이 되어 설립되었으며, 학자 및 전·현직 국방관계자들이 개인자격으로 참여하고 있다. 그러나 기반이 민간 위주이기 때문에 회의 결과가 각국의 정책에 반영되지 않고, 민감한 주제가 논의되지 못하며, 회의가 부정기적으로 개최되고, 아세안이 주도하는 등의 한계점도 있다.

동북아협력대화NEACD는 1993년 미국 캘리포니아대학교 국제분쟁 및 협력연구소IGCC: Institute on Global Conflict and Cooperation가 미국무부 지원으로 설립한 유일한 동북아 6개국 다자안보협력대화체이다. 6개국은 한국, 북한, 미국, 일본, 중국, 러시아이다. 회의에는 참가국의 학자, 정부 고위 실무자 및 현역 군인들이 개인자격으로 참가한다. 동북아협력대화는 비정부 차원의 안보대화협력기구로서, 참가국의 정부 및 비정부 전문가들이 개인자격으로 참여하여 동북아 안보현안에 대해 의견을 교환하고 해결방안을 모색하는 등의 활동을 통해 상호 신뢰를 증진시키는 데 기여해 왔다. 그러나 회의 결과가 정책에 반영되지 못함에 따라 단지 대화를 위한 장으로 전락하고 있으며, 러시아와 북한의 국방관련 인사들의 불참 및 한반도 문제에 대한 논의가 지나치게 집중되는 등의 문제점도 노정했다.

마지막으로 일본의 동아시아공동체 구상을 들 수 있다. 2009년 민주당 정권의 첫 총리가 된 하토야마 유키오(鳩山由紀夫) 전 일본총리는 '우애(友愛)' 외교에 입각한 동아시아공동체 구상을 제안했다. 하토야마가 말하는 '우애'의 정치철학은 첫째, 시장지상주의에서 벗어나 공생의 경제사회를 건설하고, 둘째, 글로벌화에 대한 보완으로 지방자치

과거에 대한 반성이 결여된 하토야마의 동아시아공동체 구상은 한국 노무현 정부의 '동북아 균형자론'과 비슷한 운명을 겪었다. 마치 미국을 배제하는 듯한 태도와 아시아공동체 주도권을 둘러싼 중·일 간의 잠재적 경쟁이 실패의 주요 원인으로 꼽힌다.

를 중시하는 지역주권국가로 가며, 셋째, 민족주의를 억제하는 동아시아공동체를 창조하겠다는 것이 주된 내용이다. 그와 함께 미일안보체제를 일본 외교의 기본 축으로 유지하되, 지나친 미국 의존도를 벗어나기 위해 아시아 국가로서의 정체성을 살려 경제협력과 안전보장의 체제를 만들어 나가겠다는 것이 골자이다. 다른 시각에서 보면 아시아 국가들의 과도한 민족주의를 벗어나 유럽연합과 같은 공동체의 길로 나아가자는 주장이며, 그 균형의 중심에 일본이 서겠다는 발상이다.

하지만 과거에 대한 반성이 결여된 하토야마의 동아시아공동체 구상은 한국 노무현 정부의 '동북아 균형자론'과 비슷한 운명을 겪었다. 마치 미국을 배제하는 듯한 태도와 아시아공동체 주도권을 둘러싼 중·일 간의 잠재적 경쟁이 실패의 주요 원인으로 꼽힌다.

II. 동북아 다자안보협력 저해요인 평가

동북아 국가들 간에는 과거로부터 이어져온 영토 및 주권과 관련된 문제들이 미해결된 채로 남아 있다. 하지만 역내 일부 국가들이 자국의 영토 및 주권 문제가 국제화되는 것을 원하지 않고 있어 그 가능성을 차단하기 위해 동북아 다자안보협력체 구성에 소극적 입장을 견지해 왔다. 과거 유럽에서는 미국과 소련의 경쟁 속에서 유럽의 이익을 확보해야 한다는 공동체 의식을 갖고 나름대로의 독자영역을 확보하려는 노력을 경주했고, 그 결과 유럽의 다자안보협력은 탄탄한 토대 위에 정착될 수 있었다.

이에 비해 아시아 역내 국가들 간에는 다양한 갈등 요인이 잔존하고 있다. 우선 역내 각국의 정치·경제체제가 상이하고 국가들 간 문화적 이질감이 존재한다. 또한 역내 국가들 간의 역사적 반목과 민족 간 적대감정이 존재한다. 일본 제국주의 침탈 역사에 대한 기억과 2차 대전 전후 처리과정에서 파생된 영토 문제들이 오늘날까지도 계속되고 있는 것이 현실이다. 아시아 지역에서는 유럽과 달리 강대국 간 대규모 전쟁발발에 대한 위협이 없는 가운데 핵전쟁과 같은 공멸에의 위기의식이 형성되지 않음에 따라, 공동체 창설 필요성에 대한 인식 및 추진 노력이 미흡했었다. 그러한 이유로 기존의 양자 동맹체제(미·일, 한·미, 북·중 동맹체제) 및 군비경쟁의 지속 상황에 안주하는 경향이 지속되어 온 반면, 유럽에서는 1962년의 쿠바 미사일위기 이후 핵전쟁에 대한 공포가 확산됨에 따라 이를 저지하기 위한 다자안보협력체의 추진 분위기가 팽배했었다.

다른 한편, 동북아 다자안보협력체제 구축을 주도할 중재자가 없는 가운데 관련 당사국 간 보이지 않는 알력 및 주도권 다툼 진행도 역내 다자체제 진전을 저해하는 요인이다. 유럽에서는 핀란드, 오스트리아, 스웨덴과 같은 중립국가가 유럽안보협력회의CSCE: Conference on Security and Cooperation in Europe 결성에 중요한 역할을 담당했었다. 반면에 아시아에서는 일부 국가들이 무리한 전제조건을 요구했던 것이 다자안보협력 진전에 장애가 되기도 했다. 예를 들면, 중국은 핵 선제공격 제약에 대한 배제를, 북한은 미국·일본 등 역내 주요 국들과의 국교정상화를, 미국은 아시아에서 기득권 인정을 요구하는 듯한 태도를 취한 것 등이 있다.

유럽의 통합, 아시아의 파편화에는 미국의 전후 아시아 정책에도 일단의 원인이 있었다. 냉전 이후 미국은 동북아 안보 문제를 처리하는 방식에서 다자적 접근보다는 쌍무적 방식을 선호했다. 다자주의는 이익의 공유 외에도 매우 강한 '집단적 정체성collective identity'을 요구하는 국제협력의 한 형태이며, 집단적 정체성의 유무는 유럽과 아시아를 구분하는 중요한 차이점 중 하나이다. 미국은 2차 대전 후 유럽에서는 다자주의, 동아시아에서는 쌍무주의를 선호했다. 그러한 선택의 배경에는 유럽 국가들의 경우 인종·역사·정치·문화적 요인을 공유하는 비교적 동질적 공동체의 동등한 구성원으로 간주되었던 반면, 동아시아 국가들은 그러한 동질성을 공유하지 못한 것으로 인식했기 때문이다. 또한 미국은 자기 스스로를 대서양 공동체의 일원으로 인식한 반면, 아시아 국가들과는 그러한 소속감을 갖지 못한 것이 주요한 차이점이다. 그 결과 유럽에서는 북대서양조약기구를 창설함으로써 집단적 동맹체제를 선택한 반면, 아시아에서는 '축과 살 hub-and-spoke'로 표현되는 양자동맹 체제를 선택하게 된 것이다.

결론적으로, 아시아에서 다자안보협력이 진척되지 못한 가장 중요한 이유는 '여건의 미성숙'이라 할 수 있다. 역내 주요국들 간의 공감대 부족, 다자안보협력에 대한 절실한 필요성 인식이 미흡한 상황에서 한국이 아무리 좋은 제안을 하더라도 이를 추진할 한국의 무게감이 미약했던 것이 중요한 한계점이다. 또한 여건이 미성숙한 상태에서 실질적 성과보다는 제도화 등 가시적 성과에 치중했던 전략적 착오도 간과할 수 없다.

이러한 부정적 여건에도 불구하고 동아시아에서 다자안보협력을 새롭게 시도해볼 긍정적 요인도 충분하다. 무엇보다도 6자회담이 오랫동안 동면기간에 들어가면서 북한발 지역불안정에의 가능성이 커졌고, 동·남중국해 등지의 다양한 영토분쟁과 민족주의적 충돌 양상

아시아에서 다자안보협력이 진척되지 못한 가장 중요한 이유는 '여건의 미성숙'이라 할 수 있다. 역내 주요국들 간의 공감대 부족, 다자안보협력에 대한 절실한 필요성 인식이 미흡한 상황에서 한국이 아무리 좋은 제안을 하더라도 이를 추진할 한국의 무게감이 미약했던 것이 중요한 한계점이다. 또한 여건이 미성숙한 상태에서 실질적 성과보다는 제도화 등 가시적 성과에 치중했던 전략적 착오도 간과할 수 없다.

이 빈발함에 따라 역내 국가들 간에는 어떤 식으로든 이러한 갈등요인들을 관리할 필요성에 대한 공감대가 크게 확산되고 있다. 또한 동아시아 국가들이 경제발전을 지속하고 역내 국가 간 교역규모가 커지면서 평화적 공존 필요성에 대한 인식도 증대되었다.

이러한 여건들을 종합해 본다면, 현재 한국의 국제적 위상이 높아지고 중견국 외교의 역량이 크게 강화된 만큼 역내 다자안보협력을 새롭게 시도해볼 여건이 충분히 성숙했다고 판단된다. 최근 역내 국가들 간에는 북한 핵 문제 해결의 필요성이 심각하며, 역내 갈등이 군사력 충돌 상황으로 번지지 않도록 적절한 협력도구가 가동되어야 한다는 공감대가 확산되고 있다. 한국의 위상이나 국제적 역량이 과거에 비해 크게 향상된 것도 한국이 새로운 이니셔티브initiative를 취하기에 유리한 조건이다. 이명박 정부의 '글로벌코리아Global Korea' 외교의 성과로서 G20 정상회담 개최, 핵안보정상회의NSS: Nuclear Security Summit 주최, 부산 세계개발원조총회HLF-4: Fourth High Level Forum on Aid Effectiveness 개최 경험은 한국의 국제적 위상이 과거에 비해 크게 높아진 것을 잘 보여준 사례다.

미국 오바마 행정부는 대북 전략적 인내 정책의 지속으로 인한 피로증 노정, 연방예산 자동삭감 등 국내·국외에의 여력 저하, 아·태 재균형 정책 집중 등의 요인으로 동아시아 다자안보를 추동할 여력이 없는 상태이다. 중국은 시진핑 체제가 당면한 국내정치 현안 산적, 센카쿠(중국명 댜오위다오) 문제를 둘러싸고 최악으로 치닫는 중일관계에 더 신경을 쓰고 있다. 또한 중국은 스스로 대북 레버리지가 외부에서 보는 것보다는 한계가 있다고 실토한다. 일본은 동일본 대지진 이후 심리적 위축, 아베 정권의 보수우경화 역풍으로 인해 역내 리더십 및 존재감을 상당 부분 상실한 상태이다. 이러한 이유로 미·중·일 모두 한국이 어떤 이니셔티브를 취해주기를 기대하는 분위기가 감지되고 있다. 박근혜 정부가 이런 분위기를 적극 활용한다면 동북아 평화협력구상에서 실질적인 성과가 가능할 것으로 전망된다.

과거의 경험을 되돌아본다면 동북아에서 다자간 안보협력체제 구축은 단기간 내에 구체적 성과를 기대하기 어려운 것이 객관적 현실이지만, 한국 정부가 역내 다자간 안보협력의 추동력을 견인하는 리더십을 지속적으로 발휘한다면 역동적인 평화지향 국가로서의 이미지를 각인하는 효과도 클 것으로 기대된다. 결국 한국 정부의 동북아 평화협력구상 추진의 필요성과 명분, 그리고 여건은 어느 정도 갖춰진 것으로 판단된다.

과거의 시도들은 대부분 정부 차원의 공식 기제에만 의존하다 보니 비정부·민간의 역량을 간과했었다. 현 정부의 구상은 정부와 비정부·민간의 멀티트랙을 중시한다는 점

> 동북아에서 다자간 안보협력체제 구축은 단기간 내에 구체적 성과를 기대하기 어려운 것이 객관적 현실이지만, 한국 정부가 역내 다자간 안보협력의 추동력을 견인하는 리더십을 지속적으로 발휘한다면 역동적인 평화지향 국가로서의 이미지를 각인하는 효과도 클 것으로 기대된다.

에서 기존 구상들과 차별화된다. 세계화·정보화 시대에 크게 성숙해진 비정부·민간의 역량을 활용하는 것은 정부 차원의 이니셔티브를 추진하는 데에도 매우 중요하다. 향후 외교 분야에서의 리더십은 하드파워나 소프트파워 같은 영향력의 크기뿐 아니라 '생각의 리더십 thought leadership' 즉, 국제관계에서 아젠다를 선점하고 담론을 리드하는 역량이 갈수록 중요해질 것이다.

III. 박근혜 정부 '동북아 평화협력구상' 추진을 위한 고려사항

동북아 평화협력구상이 성공하기 위해서는 몇 가지 고려사항이 있다.

첫째, 무엇보다도 '여건의 조성', 즉 역내 주요국들 간에 최고정책 결정자 차원의 결단을 포함한 공감대 형성이 필수적이다. 또한 과거처럼 '선이후난(先易後難)'식 기능주의적 접근만으로는 한계가 있다. 동북아 평화협력구상도 현 단계에서는 쉬운 것, 기능주의적 이슈부터 출발하는 전략을 택하고 있다. 하지만 과거 여러 사례들도 그와 비슷한 전략을 택했다가 실패한 교훈을 고려할 때 기능주의적 접근의 한계를 고려할 필요가 있다. 무엇보다도 역내 주요국들 최고위 정책결정자들의 정치적·전략적 결단이 뒷받침되어야 성공의 가능성이 커진다. 따라서 비전, 선언 중심의 톱다운top-town 방식인 최고위급 대화와 실무 차원의 투트랙two-track 접근이 필수적이다. 역내 국가 지도자들로부터 강력한 리더십이 발휘되지 못할 때 다자간 협력은 피상적 신뢰구축을 넘어 실효적 성과로 이어지지 못하는 말잔치talk show일 뿐이다. 이러한 점에서 대통령의 큰 관심하에 모색되는 동북아 평화협력구상의 추진 여건은 양호하다고 평가할 수 있다. 역내 형성된 공감대를 바탕으로 가능하다면 최고정책결정자들 간에 동북아 평화협력구상의 대원칙으로서의 '지속성'에 대한 합의가 필요하다. 역내 군사·안보·외교적 문제로 인해 대화가 단절되지 않게 하려는 범지역적 합의가 선행되어야 동북아 평화협력구상이 실질적 성과를 거둘 수 있을만큼 지속가능할 것이다.

둘째, 주요행위자들, 특히 미국과 중국의 적극적 참여가 매우 중요하다. 현실적으로 현재의 아시아 역내 질서에서 미국과 중국이 배제된 다자적 메커니즘은 실효성도 없고 지속가능하지도 않다. 그렇기 때문에 최근 박근혜 정부가 한·미, 한·중 정상회담을 통해 공감대 형성의 기반을 마련한 점은 그 의의가 크다. 한 걸음 더 나아가 동북아 평화협력구상이 실질적 진전을 이루려면 최소한 미·중·러·일 등의 주요 행위자들이 모두 참여하는 것이 바람직하다. 따라서 한·미·

첫째, 무엇보다도 '여건의 조성', 즉 역내 주요국들 간에 최고정책결정자 차원의 결단을 포함한 공감대 형성이 필수적이다.

둘째, 주요행위자들, 특히 미국과 중국의 적극적 참여가 매우 중요하다. 현실적으로 현재의 아시아 역내 질서에서 미국과 중국이 배제된 다자적 메커니즘은 실효성도 없고 지속가능하지도 않다.

중 전략대화, G20 정상회의, 아시아태평양경제협력체 정상회의 등을 통해 동북아 평화협력구상을 적극 설명하고 지지를 확보하는 데 외교력을 집중해야 할 것이다.

셋째, 처음부터 '제도화(정상회담 정례화 등)'를 너무 강조할 경우 관련국들의 경계심을 유발해 오히려 역효과가 우려된다. 노무현 정부는 처음부터 동북아 다자안보협력 제도화를 적극 추진했다. 다자안보협력 제도화는 역내 국가들 간에 공동의 안보관심사에 대한 협의를 상설화·정례화하여 협력 메커니즘을 구축하는 것으로 정례회의 개최, 상설 사무국 설치가 제도화의 관건이다. 당시 참여정부의 구상은 의욕적이긴 했지만 주요국들의 호응 미흡과 동북아 균형자론에 대한 경계심 때문에 실천으로까지 이어지지는 못했다.

이런 점을 감안한다면 동북아 평화협력구상에 관한 논의도 일정 궤도에 오른 후 자연스럽게 제도화로 이어지도록, 즉 제도화가 기정사실로 받아들여지도록 유도하는 것이 바람직해 보인다. 박근혜 정부 임기 내 한국 정부 주도로 동북아 평화협력구상(서울 프로세스) 출범을 공식 제의하고 지속가능한 추진기반을 마련한다는 목표를 세우고, 중장기적으로 동북아 평화협력구상 제도화를 실현해 이를 심화·발전시켜 역내 주요 안보현안에 대한 협의 및 해결 창구로 활용한다는 목표를 설정하는 것이 현실적일 수 있겠다.

넷째, 일본의 공백을 어떻게 메울 것인가를 고려해야 한다. 일본과의 관계조차 제대로 하지 못하면서 한국이 동북아 평화를 주도할 수 있겠는가 하는 비판이 제기될 소지가 있다. 따라서 한일 정상회담을 통해 일본을 유사입장국가군like-minded group 속으로 견인하는 게 중요하다. 그러기 위해서는 일본의 적절한 변화가 전제 조건이다. 한일 간 전략 채널을 통해 진정성 있는 로드맵을 서로 이해하려는 노력이 필요하다.

이상의 고려사항들을 감안할 때 초기에는 동북아 평화협력구상 공감대 형성 및 기반 조성 노력 경주에 집중할 필요가 있다. 대통령과 외교안보 각료들이 주요 공식 행사 시 동북아 평화협력구상 추진 필요성을 강조하고, 관련국과 다양한 분야의 양자 또는 다자 전략대화를 적극 추진하는 한편, 비정부 차원의 다자안보협력 관련 활동도 적극 지원하는 것이 바람직하다. 추진기반

셋째, 처음부터 '제도화(정상회담 정례화 등)'를 너무 강조할 경우 관련국들의 경계심을 유발해 오히려 역효과가 우려된다.

넷째, 일본의 공백을 어떻게 메울 것인가를 고려해야 한다. 일본과의 관계조차 제대로 하지 못하면서 한국이 동북아 평화를 주도할 수 있겠는가 하는 비판이 제기될 소지가 있다.

조성을 위해 정부 내 동북아 평화협력기획단을 신설하고, 고위급(차관보급) 전담기획단장을 임명하는 등 전담 추진체계 마련을 고려해 볼 만하다.

이러한 노력을 바탕으로 관련국들이 동북아 평화협력구상에 긍정적으로 호응해 올 수 있는 여건이 조성될 경우, 대통령이 주요 국제회의 또는 정상회담에서 '동북아 평화협력회의' 창설을 공식 제의하고 준비회의에 착수해야 한다. 다만 어떤 계기에, 어떤 형태로 출범을 선언할 것인가는 대통령 및 박근혜 정부 고위 정책결정자들의 연간 외교일정을 고려한 정무적 판단을 근거로 해야 할 것이다.

제4장

동북아 평화협력구상과
헬싱키 프로세스 및 아세안지역포럼

I. 헬싱키 프로세스

1. 창설배경

헬싱키 프로세스는 "유럽안보협력회의"의 진행과정을 지칭하는 표현이다. 유럽안보협력회의에서 합의된 최초의 문건인 1975년 "헬싱키 최종문서Helsinki Final Act"의 상징성을 고려하면서 유럽안보협력회의가 오랜 기간을 두고 점진적으로 진행된 하나의 과정이었다는 점을 강조하기 위해서 만들어진 말이라고 할 수 있다.

헬싱키 프로세스는 1960년대 초부터 시작된 국제적인 데탕트 분위기에 편승하여 미국이 전 유럽의 안보협력에 대한 논의를 하자는 구소련의 제안을 수용함으로써 시작되었다. 구소련의 주된 목적은 2차 세계대전 이후 형성된 유럽의 지정학적 질서(동유럽 경계선, 동독의 실체, 동유럽에 대한 소련의 패권)에 대한 서방진영의 승인을 획득하고 대규모 경협을 유도하는 것이었다. 미국은 구소련의 제안을 수용하는 조건으로 캐나다의 참여, 베를린의 법적 지위 재확인, 재래식 군비감축협상인 "상호균형감축협상MBFR: Mutual and Balanced Force Reduction"의 개시 및 인권 의제 포함 등을 제시했다. 1972년 모스크바 정상회담에서 미국과 구소련은 유럽안보협력회의 조기 개최에 합의하고 같은 해 11월 실무준비회의를 시작으로 일련의 협상을 거쳐 1975년 7월 30일 35개국이 참여하는 정상회의가 개최되었다. 헬싱키 최종문서는 이 정상회의에서 채택된 문건이다. 서방측의 요구로 채택

헬싱키 프로세스는 1960년대 초부터 시작된 국제적인 데탕트 분위기에 편승하여 미국이 전 유럽의 안보협력에 대한 논의를 하자는 구소련의 제안을 수용함으로써 시작되었다. 구소련의 주된 목적은 2차 세계대전 이후 형성된 유럽의 지정학적 질서(동유럽 경계선, 동독의 실체, 동유럽에 대한 소련의 패권)에 대한 서방진영의 승인을 획득하고 대규모 경협을 유도하는 것이었다.

된 상호균형감축협상은 1973년 10월 예비회담을 시작으로 별도의 트랙에서 진행되었다.

2. 의제

헬싱키 최종문서의 주요 내용은 크게 세 부분baskets 으로 구성되어 있다. 동서 양 진영이 원하는 의제들(국경선 유지, 경협, 인권, 군사적 신뢰구축 등)을 모두 포함해서 상호 연계하에 논의하는 포괄적인 접근방식을 따랐다. 예를 들어, 공산진영이 원하는 지정학 적 현상유지 및 경협 등을 서방진영이 원하는 동유럽 지역의 인권 문제와 연계시킴으로써 이 지역의 인권증진을 위한 수단으로 활용했 었다. 헬싱키 최종 문서의 주요 내용은 다음과 같다.

【Basket 1】 유럽안보에 관한 문제

■ 10대 기본원칙
- ①각 나라의 동등한 주권 존중, ②무력의 사용이나 사용위협 금지, ③국경 불가침, ④영토의 보존, ⑤분쟁의 평화적 해결, ⑥내정 불간섭, ⑦사고·양심·종교의 자유를 비롯한 기본적 자유와 인권의 존중, ⑧인간의 동등한 권리와 자결권 존중, ⑨

국가 간 협력의 증진, ⑩국제법에 의거한 성실한 임무 수행

- **군사적 신뢰구축**
  - 군사훈련의 성격을 명확히 하고 적절한 정보의 부재에 따른 불안과 오해 및 군사대결의 위험을 감소시키기로 합의
  - "신뢰구축방안"에 합의: ①주요 군사훈련의 사전 통보(25,000명 이상이 참가하는 훈련은 21일 전 통보), ②기타 군사훈련의 사전 통보, ③군사훈련 참관단 교환, ④주요 군 이동의 사전 통보, ⑤군 인사의 상호교환

【Basket 2】경제·기술 분야
  - 경제·사회·기술·환경 분야에서의 상호협력 문제

【Basket 3】인간적 문제
  - 이산가족 상호교류, 인권신장, 문화적·교육적 차원의 교류, 기자에 대한 여건개선 방안 등에 합의

【기타】합의사항 이행
  - 참가국 단독 또는 쌍무적·다자적 노력을 통해 합의사항을 이행하고 후속회의 개최를 권고

3. 제도화

헬싱키 프로세스는 주권 평등의 원칙에 기초하여 의사결정이 컨센서스로 이뤄지고 의장직도 순환제로 운영되었다. 기본적으로 특정 강대국의 영향을 받지 않고 모든 회원국이 동등한 권리를 행사하도록 설계된 것이다. 또한 결정사항도 정치적인 구속력을 가질 뿐 법적 구속력은 없는 다소 느슨한 형태의 협의체이다. 이는 법적 구속력을 완화하고 접근방법에 탄력성을 두는 연성법적soft-law 접근이라고 할 수 있다. 이러한 전제하에 헬싱키 프로세스의 제도화는 두 시기로 구분된다.

첫째, 1970년대 초의 시작에서부터 1990년 11월 파리 정상회의까지의 느슨한 제도화 시기이다. 헬싱키 프로세스에서 시작한 다자간 협의절차를 지속하기 위한 양자간·다자간 노력을 계속하되 상설기관은 만들지 않기로 했다. 합의 이행을 위한 지속적인 접촉과 대화의 중요성은 인정하지만 경직된 제도화가 야기할 수 있는 부담을 덜고자 한 것이다. 이로 인해 헬싱키 프로세스는 후속회의, 전문가회의 등으로 구성된 느슨한 형태의 제도화를 이뤘다. 이러한 느슨한 접근방식은 당시 두 진영의 관계가 공식 기구를 받아들일 정도로 성숙하지 못했음을 반영하는 것으로 보인다. 출범 당시 북대서양조약기구와 바르샤바조약기구WTO: Warsaw Treaty Organization 회원국을 중심으로 모두 35개국이 참여했다.

둘째, 1990년 11월 파리 정상회의에서 "새로운 유럽을 위한 파리 헌장Charter of Paris for a New Europe"이 채택된 이후 제도화가 보다 심화·발전된 시기이다. 이 회의에서 유럽안보협력회의는 당시에 진행 중인 역사적 변화를 관리하고 새로운 시대에 부과될 도전에 대응하는 임무를 부여받았고, 추가 기능을 가진 영속적인 기구로 발전했다. 정상회의에 더해서 각료회의(외무장관회의), 고위관리위원회, 상설사무국, 분쟁방지센터, 자유선거사무소 등 다양한 제도가 중층적으로 운영되기 시작했다. 이런 노력을 통해 유럽안보협력회의는 1995년 1월 '유럽안보협력기구'로 거듭났고, 현재 정회원 55개국, 협력파트너 5개국, 지중해협력파트너 6개국이 참여하고 있다. 러시아와 미국은 정회원으로, 한국, 일본, 몽골은 협력파트너로 참가하고 있다.

4. 발전과정

헬싱키 정상회의 이후 최종문서의 이행을 위한 후속회의가 냉전이 종식될 때까지 다음과 같이 세 차례 개최되었다: 벨그라드 회의(1977년 10월~1978년 3월), 마드리드 회의(1980년 11월~1983년 9월), 비엔나 회의(1986년 11월~1989년 9월). 그리고 이와 별도로 분쟁의 평화적 해결, 신뢰구축 및 군축, 지중해 문제, 경협, 환경, 인권, 문화유산, 정보 등의 주제에 대한 각종 전문가회의와 포럼이 개최되었다.

　냉전의 종식이라는 급격한 안보환경 변화에 부응하여 1990년 11월 파리 정상회의가 열렸고, 이 회의에서 채택된 파리헌장에 의거해서 유럽안보협력회의는 새로운 상황과 도전을 관리하는 임무를 부여받았고, 1994년 부다페스트 정상회의에서 보다 제도화된 형태의 유럽안보협력기구로 재탄생했다. 유럽안보에 관한 문제에서 헬싱키 최종문서의 신뢰구축방안CBM: Confidence Building Measure은 군사적으로 의미 있고 검증 가능한 '신뢰안보구축방안CSBM: Confidence & Security Building Measure'으로 발전적 확대·개편을 이루게 되었다. 이와 관련된 문건은 1986년의 "스톡홀름협약Stockholm Document", 1990년의 "비엔나협약Vienna Document" 등 두 가지이다.

> 냉전의 종식이라는 급격한 안보환경 변화에 부응하여 1990년 11월 파리 정상회의가 열렸고, 이 회의에서 채택된 파리헌장에 의거해서 유럽안보협력회의는 새로운 상황과 도전을 관리하는 임무를 부여받았고, 1994년 부다페스트 정상회의에서 보다 제도화된 형태의 유럽안보협력기구로 재탄생했다.

5. 평가

냉전종식 이후에 유럽안보협력회의는 역내의 급격한 질서변화에 기민하고 효과적으로 대응하는 모습을 보여주었다. 또한 과거의 경험을 무시하거나 폐기하는 것이 아니라 새로운 시대에 대처하는 귀중한 자산으로 삼았다는 점도 의미가 있다.

헬싱키 프로세스는 미국과 구소련을 필두로 한 양대 진영이 대립한 냉전 시기에 데탕트라는 역사적인 기회를 잘 살려서 유럽에서의 긴장을 완화하고 두 진영 간에 협력의 문화를 창출하는 긍정적인 기여를 한 것으로 평가된다.

당시 미국을 비롯한 서방진영은 2차 세계대전 후에 형성된 지정학적 질서를 보장받으려는 구소련의 요구를 수용하면서 실질적인 군축협상과 인권 문제 논의라는 양보를 얻어냈다. 상호균형감축협상은 구체적인 성과가 없이 끝났지만 20여 년간 지속된 협상의 경험은 냉전종식 이후 신속한 재래식군축조약CFE: Conventional Forces in Europe의 체결을 가능하게 만드는 토대를 제공했고, 이와 함께 인권 문제 논의는 동구 진영의 인권의식을 제고하고 사회변화를 촉진시키는 데 크게 기여한 것으로 평가된다.

냉전종식 이후에 유럽안보협력회의는 역내의 급격한 질서변화에 기민하고 효과적으로 대응하는 모습을 보여주었다. 또한 과거의 경험을 무시하거나 폐기하는 것이 아니라 새로운 시대에 대처하는 귀중한 자산으로 삼았다는 점도 의미가 있다. 이후 유럽안보협력회의는 유럽안보협력기구로 확대개편되었고 추가 협의체를 만들어서 다자안보협력의 틀을 더욱 제도화하였다. 헬싱키 프로세스는 냉전시기 유럽안보협력회의가 했던 역할의 정당성을 평가하고 그 가치를 인정하고, 동시에 유럽안보협력회의에 의해서 직간접적으로 촉진된 새로운 역내질서의 구축을 유럽안보협력기구의 강화를 통해 더욱 공고하게 다진 것으로 평가된다.

II. 아세안지역포럼

1. 창설배경

아세안지역포럼ARF: ASEAN Regional Forum은 아·태 지역 최초의 정부 차원의 공식 다자안보협의체로서 1994년 7월 태국 방콕에서 제1차 회의를 개최했다. 아세안지역포럼은 아세안 확대 외무장관회담ASEAN-PMC: ASEAN Post-Ministerial Conferences을 아·태 지역의 정치·안보 대화의 장으로 활용하자는 일본의 제안을 토대로 1993년 7월 싱가포르에서 개최된 아세안 확대 외무장관회담에서 창설이 합의되었다. ARF 창설배경은 다음과 같이 크게 여섯 가지로 파악된다.

①탈냉전 시대의 도래라는 국제질서의 변화에 부응해서 아·태 지역의 안정적 질서 구축이 필요하다는 인식

②유럽의 긴장완화에 순기능적인 역할을 한 헬싱키 프로세스 모델을 아·태 지역에도 시도할 수 있다는 판단

③1989년에 발족한 아시아태평양경제협력체가 성공적으로 정착하려면 정치·안보 분야에서의 유사한 다자협력도 필요하다는 공감대

④북핵 문제, 중국과 일본의 군사력 증강, 남사군도 영유권 분쟁, 동남아국가들의 해군력 확장 등으로 아시아가 새로운 군비경쟁의 장이 될 수 있다는 우려 및 이런 사태를 막아야 한다는 문제의식

⑤한·중, 한·러 관계 정상화, 미국과 베트남의 관계 개선 등 양자관계의 진전이 역내에서의 다자대화 가능성을 높일 것이라는 기대

⑥아·태 지역의 급속한 경제성장이 안정적으로 유지되기 위해서는 정치·군사적 안정이 수반되어야 한다는 판단

2. 의제

아세안지역포럼은 개최 시점의 세계적·지역적 정세가 반영된 아시아 지역의 다양한 안보 관심사항을 자유롭고 폭넓게 다뤄왔다. 특히 북한 핵 문제가 단골로 등장했는데, 1994년 제1차 회의에서부터 북핵 문제에 대한 회원국들의 협조 분위기를 조성하고자 했다. 1995년 2차 회의에서는 아세안지역포럼의 발전방향을 ①신뢰구축, ②예방외교, ③분쟁해결 메커니즘 등 3단계로 설정했다.

이러한 발전방향에 입각해서 아세안지역포럼이 관심을 갖고 논의해 온 의제들은 한반도 문제, 미얀마 정세, 핵실험전면금지조약, 마약 문제, 화학무기금지협약, 동아시아 금융위기, 남중국해 문제, 캄보디아 사태, 인도·파키스탄의 핵개발, 대인지뢰금지, 중·대만 긴장, 남사군도 영유권 문제, 동티모르, 군축·비확산, 해적, 불법이민, 테러리즘 등 다양한 지역문제들을 포함한다. 2002년 7월 제9차 회의에서는 국방관련 회의가 별도로 열림으로써 안보와 국방에 관련된 심층적인 논의가 가능해졌다.

3. 제도화

아세안지역포럼의 의사결정은 컨센서스Consensus,

즉 만장일치를 따르고 표결은 하지 않는 것을 원칙으로 한다. 또한 모든 참가국들의 '협의consultation'와 '합의consensus'를 바탕으로 상호 신뢰구축에 중점을 두면서 "회원국 모두가 편안함을 느끼는 정도의 속도로 움직인다"는 원칙에 입각해서 운영된다. 아세안지역포럼 역시 합의사항의 이행과 관련하여 정치적 의무가 있을 뿐 법적인 책무가 따르는 것은 아니다. 즉 "정치·안보 문제에 대한 건설적인 대화와 협의의 습관을 조성하기 위한 '고위협의포럼high-level consultative forum'" 정도인 것이다.

주요 회의로 연례 아세안외무장관회담AMM: ASEAN Ministerial Meeting과 대화상대국까지 참가하는 확대장관회의PMC가 있다. 이외에도 고위관리회의SOM, 각 분야별 회기 간 지원그룹ISSG: Inter-Sessional Support Group, 회기 간 회의ISM: Inter-Sessional Meeting가 운영되고 있다. 이와 같은 트랙 ITrack-I 회의와는 별도로 아세안 전략 및 국제연구소ASEAN-ISIS: ASEAN Institute of Strategic and International Studies

아세안지역포럼의 의사결정은 컨센서스, 즉 만장일치를 따르고 표결은 하지 않는 것을 원칙으로 한다. 또한 모든 참가국들의 '협의(consultation)'와 '합의(consensus)'를 바탕으로 상호 신뢰구축에 중점을 두면서 "회원국 모두가 편안함을 느끼는 정도의 속도로 움직인다"는 원칙에 입각해서 운영된다.

와 같은 비정부기구들이 보완적으로 활용되고 있다. 현재 아세안지역포럼 회원국은 크게 아세안 소속 10개국, 대화상대 10개국, 기타 5개국으로 구성되는데, 미·중·일·러·한 5개국은 대화상대국으로, 몽골과 북한은 기타 5개국으로 분류된다.

4. 발전과정

1995년 3월 싱가포르에서 개최된 고위관리회의는 아세안지역포럼의 3단계 발전방향을 확정했다. 즉, 신뢰구축조치의 증진, 예방외교 메커니즘의 개발, 분쟁해결에 대한 점진적인 접근이 그것이다.

그리고 2001년 제8차 회의에서는 향후 발전을 위한 세 개의 운영 문서가 채택되었다.

①예방외교의 개념 정의 및 8대 원칙 제시

②주선, 조정 등 의장의 역할 강화를 통한 ARF의 효율성과 연속성 증대

③전문가·저명인사 선정 및 활용의 원칙과 내용 및 절차

이러한 발전 방향에 입각해서 아세안지역포럼은 시간을 두고 의제의 범위와 심도를 점진적으로 확대하면서 참여국의 범위를 넓혀 왔

다. 이러한 점진적인 노력을 통해서 아세안지역포럼은 현재 세계의 주목을 받는 아·태 지역 다자안보의 중추적인 협의체로 성장했다. 이 과정에서 중국과 미국이 역내 다자안보대화에 대한 기존의 소극적인 입장을 바꾸고 적극적으로 동참함으로써 아세안지역포럼의 발전이 탄력을 받았다고 할 수 있을 것이다.

5. 평가

요약하면 아세안지역포럼은 아·태 지역의 다자안보협력에 다음과 같은 기여를 한 것으로 평가된다.

①아·태 지역 유일의 지역안보 문제를 토론하는 기구로 자리매김

②"대화의 습관habit of dialogue"을 축적함으로써 우호적인 국가관계 수립의 기회를 제공

③유엔의 재래식 무기 등록에 참여, 연례안보평가서 제출 등 초보적인 신뢰구축조치를 이행하여 국방 정책의 투명성을 확보하고 역내의 긴장완화에 기여

④지역안보 문제 해결에 대한 약소국의 역할 확대

아세안지역포럼의 한계로는 다음과 같은 점들이 지적된다.

①약소국들이 주도하고 만장일치를 원칙으로 하는 협의체의 성격

이 실천력과 효율성을 떨어뜨리고 단순한 대화협의체 이상의 기구로 발전하는 데 장애로 작용

②본회의인 외무장관회의와 고위관리회의 횟수가 연간 1회로 제한되고 상설사무국도 없기 때문에 주요 현안에 대한 신속한 대응이 불가능

③영토분쟁, 군비증강 등 지역안보에 큰 영향을 미칠 수 있는 핵심 안보현안에 대해서는 논의를 회피하는 소극적인 경향이 상존

III. 시사점과 교훈

동북아 평화협력구상(서울 프로세스)과 헬싱키 프로세스 및 아세안지역포럼을 비교·분석해 보면 몇 가지 중요한 유사점과 차이점을 함께 발견할 수 있다. 기본적으로 세 구상이 모두 특정한 시기에 특정한 지역에서 형성된 조건과 지역적 특색을 반영한 다자협력 구상이라는 점에 큰 차이가 없다.

동북아 평화협력구상은 현 시기 한반도를 중심으로 한 동북아 지역, 헬싱키 프로세스는 동서냉전 시기 북대서양조약기구와 바르샤바

조약기구를 중심으로 한 유럽, 그리고 아세안지역포럼은 냉전 종식 후 국제질서 재편과정에서 아세안을 핵심으로 한 아시아의 지역적 여건과 특색을 반영하고 있다. 각 지역의 여건과 특색 상의 유사성과 차이점이 세 구상 자체의 유사성과 차이점으로 이어지게 된다.

1. 상황과 여건

헬싱키 프로세스는 동서 냉전구도라는 독특한 환경에서 탄생한 다자안보협의체로서 각 진영의 논리를 따르면서 현상을 관리하는 것이 주된 목적이었다. 반면에 아세안지역포럼은 아세안이라는 역내 소다자협의체가 핵심이 되고, 아세안을 중심으로 외연을 확대해서 소다자의 주도권을 확보해나간 다자안보틀이다. 동북아 평화협력구상은 2013년의 시점에서 아시아 패러독스라는 역내의 구조적 특성하에서 탄생하는 동북아 특색의 다자안보협의체이다. 구체적으로, 역사·영토 문제와 같은 기존의 갈등요인, 미·중 세력구도의 재편, 중·일 간의 새로운 경쟁 등으로 인한 동북아의 갈등적 상황을 신뢰와 협력을 기반으로 하는 새로운 상황으로 바꾸자는 것이 기본 취지이다.

이런 점을 고려할 때, 동북아 평화협력구상이 헬싱키 프로세스와 일정한 유사성을 갖지만 동시에 양자의 차이점도 매우 크다는 점을 아세안지역포럼이 '아세안 중심'의 '아시아 연결성(Asia-connectivity)'을 가진 협의체라면, 동북아 평화협력구상은 '한국 중심(Korea-centrality)'의 '동북아 연결성(NEA-connectivity)'을 가진 구상으로도 규정할 수 있다.

부인할 수 없을 것이다. 기본적으로 동북아의 현 상황은 1970년대 유럽의 냉전구도와는 질적으로 다르기 때문이다.

현재 동북아에서 펼쳐지고 있는 미·중의 역학관계는 아시아 패러독스의 축소판이라고 할 수 있지만 과거 냉전 시대의 동서 진영구도와는 크게 다르다. 양국 관계는 이념대결을 지양하고 갈등과 협력이 공존하는 가운데 협력적 부분을 강조하고 있다. 한편, 동북아의 시대상황이 급변하는 가운데 한국의 국제적 위상이 높아졌다는 점도 동북아 평화협력구상을 이해하는 데 필수적이다. 그것은 한국이 운신하기에 좋은 시대상황을 맞이하고 있다는 것이다. 다시 말해 동북아 평화협력구상의 시대적인 의미를 중국의 신형대국관계와 미국의 아시아 재균형Asia rebalancing 구상에 대한 한국의 주도적인 대응책으로 규정할 수도 있을 것이다. 아울러 아세안지역포럼이 '아세안 중심'의 '아시아 연결성Asia-connectivity'을 가진 협의체라면, 동북아 평화협력구상은 '한국 중심Korea-centrality'의 '동북아 연결성NEA-connectivity'을 가진 구상으로도 규정할 수 있다.

2. 접근방식과 의제

접근방식에 있어서 동북아 평화협력구상은 헬싱키 프로세스보다는 아세안지역포럼에 가깝다고 볼 수 있다. 헬싱키 프로세스는 냉전구도라는 현상을 유지하고 관리하는 것이 목적이었던 반면, 아세안지역포럼은 아시아 지역에서 새로운 질서를 만들어가는 진취적인 협의체이다. 동북아 평화협력구상 역시 역내에서 새로운 협력의 문화를 창출하고 평화지향적인 질서를 만들어 나가고자 한다는 점에서 매우 진취적인 구상이다. 즉 과거에 머물지 않고 미래로 나아가면서, 현상유지가 아니라 새로운 질서와 규범을 만들어가는 미래지향적 프로세스인 것이다. 한국은 동북아 평화협력구상을 통해 G-2 시대에서 독립된 공간을 확보하고자 한다.

의제와 관련, 동북아 평화협력구상은 기후, 재난, 원전, 환경, 테러, 초국가범죄 등 새로운 안보이슈에 초점을 맞춘다. 이들 이슈가 개별 국가에 국한된 위협이 아니라 동북아 전체의 생존을 위협할 수 있는 지역차원의 문제로 부상하는 현실을 직시하고 새로운 위협에 기민하고 효율적으로 대처하고자 한다. 예를 들어, 지난 후쿠시마 원전사태에서 보듯이, 기존의 전통적인 안보위협보다 그 여파가 훨씬 심각할 수 있는 핵안전과 같은 문제의 해결에 우선순위를 두고자 한다. 즉 21세기의 현 시점에서 제기되고 있는 새로운 안보이슈가 동북아 전체의 문제라는 공통인식을 토대로 공동해결을 도모해야 한다는 것이다. 이런 점에서, 유럽 전체의 안보 문제를 공동으로 해결하고자 했던 헬싱키 프로세스와 유사한 점이 있다.

동북아 평화협력구상이 일단 연성의제에 초점을 맞추는 것은 참가국들이 구상의 취지를 이해하고 받아들일 수 있는 수용가능성accep-tability을 높인다는 의미를 갖는다. 역내 질서가 큰 변화의 움직임을 보이는 민감한 시기인 만큼, 참가국들

구상의 수용가능성은 크게 두 방향에서 높일 수 있다. 그 하나는 참가국들이 정치·안보적으로 덜 민감하게 생각하는 연성의제에 초점을 맞추는 것이다. 다른 하나는 참가국들이 공동의 이익을 갖고 실현할 수 있는 공공재를 발굴하는 것이다. 지금까지 제시된 동북아 평화협력구상의 의제는 이 두 가지 요건을 모두 충족하는 것으로 보인다.

은 동북아 평화협력구상이 자국의 안보이익을 침해하는지에 대해 매우 예민한 반응을 보일 것이 분명하다.

이러한 어려운 여건하에서 동북아 평화협력구상에 대한 참가국들의 수용가능성을 높이는 것이 구상의 초기 성공 여부를 가늠할 수 있는 열쇠가 될 것이다. 구상의 수용가능성은 크게 두 방향에서 높일 수 있다. 그 하나는 참가국들이 정치·안보적으로 덜 민감하게 생각하는 연성의제에 초점을 맞추는 것이다. 다른 하나는 참가국들이 공동의 이익을 갖고 실현할 수 있는 공공재를 발굴하는 것이다. 지금까지 제시된 동북아 평화협력구상의 의제는 이 두 가지 요건을 모두 충족하는 것으로 보인다.

주요 관심사항인 북한의 참가와 관련해서는, 북한이 정식으로 참여하는 것이 동북아 평화협력구상 출범의 전제조건은 아니다. 다만 북한에 대한 문호는 항상 개방되어 있으며, 북한의 참여를 권유하는 노력도 계속될 것이다. 동북아 평화협력구상에서는 다양한 의제가 논의되는 만큼, 북한이 관심을 갖는 분야에 선별적으로 참여하는 것도 가능할 것이다. 이 경우 북한은 시간을 두고 점진적으로 참여 폭과 심도를 확대하는 방향으로 나아갈 수도 있을 것이다.

3. 비전

동북아 평화협력구상은 '동북아 행복시대의 완성'이라는 비전을 제시하고 이를 실현하기 위한 다자협력을 추구한다. 즉 '비전 중심vision-driven'의 접근방식을 따른다. 공유할 수 있는 가치를 기반으로 한 비전을 제시하고 역내 국가들의 동참을 유도하는 접근방식인 것이다. 아울러 동북아 행복 시대는 역내 각국 국민 개개인의 행복과 안전이 보장되는 것을 의미한다. 따라서 동북아 평화협력구상은 동북아의 시민 한 사람 한 사람을 중시하는 '사람 중심people-driven'의 접근방식이라고 할 수 있다. 이런 맥락에서, 인권 문제 등 일부 국가들이 민감하게 여기는 문제들도 일정한 시간이 지나고 여건이 무르익음에 따라 적절히 다뤄나갈 수 있을 것이다.

4. 한국의 위상 제고와 역할

　　동북아 평화협력구상은 국제무대에서 한국이 중견국가로서의 위상을 제고하고 역할을 증대할 수 있는 매우 훌륭한 외교무대가 될 수 있을 것이다. 최근 우리나라의 국력이 신장되면서 대규모 국제회의를 유치하는 빈도가 높아지고 있다. 2000년대 들어서만 해도 다음과 같이 모두 네 건의 대규모 정상회의가 한국에서 열린 바 있다.

①2000년 ASEM 정상회의(26개국 정상 참가)

②2005년 APEC 정상회의(21개국 정상 참가)

③2010년 G20 정상회의(26개국 정상 및 7개 국제기구 대표 참가)

④2012년 서울 핵안보정상회의(44개국 정상 및 14개국과 국제기구의 대표 참가)

특히 서울 핵안보정상회의는 건국 이래 최대 규모의 회의로서 한국의 외교지평을 확대하는 데 기여했다는 평가를 받는다.

동북아 평화협력구상은 또 다른 차원에서 한국의 외교적 지평을 크게 확대할 수 있는 기회이다. 다음과 같은 몇 가지 차원에서 한국의 국익에 기여할 수 있을 것이다.

첫째, 4강의 중심에 위치한 중견국인 한국이 신뢰외교를 바탕으로 지역차원의 공공재를 발굴하고 실현하자는 데 대해서 주변 국가들이 반대할 명분이 마땅치 않다는 점이다. 동북아 평화협력구상을 통한 한국의 이니셔티브가 패권을 추구하는 것도 지역의 안정을 해치는 것도 아니기 때문이다. 이런 점에서, 동북아 평화협력구상은 상당한 안정성stability을 토대로 중견국가 한국의 건설적인 이미지를 구축하게 될 것이다.

둘째, 한국이 지금까지 유치한 굵직한 회의들은 성공적인 결과에도 불구하고 모두 일회성이라는 한계를 갖는다. 반면에 동북아 평화협력구상은 일단 가동되면 계속해서 진행될 수 있기 때문에 지속가능성sustainability이 확보되는 외교적 기회를 제공한다. 한국의 역할을 단 한 차례 선보이고 끝내는 것이 아니라 주기적으로 지속적으로 한국의 역할을 보장받으면서 확대해나갈 수 있는 것이다.

셋째, 동북아 평화협력구상은 연성이슈를 주요 의제로 삼음으로써 실천가능성practicability이 보장되는 회의체이다. 실천가능성은 수용가능성을 이행의 측면에서 강조한 표현이라고 할 수 있다. 초기의 합의와 성과가 미미하다는 비판이 있을 수 있어도 시간이 지나면서 발전해나가는 모양새를 취할 수 있는 것이다. 지속적으로 발전해가는 다자협의체를 한국이 주도한다는 것은 우리나라의 외교적 위상도 그만큼 높아지게 될 것이라는 점을 말해준다.

한편, 인터넷 강국으로서의 면모를 살려 세계 각지의 시민사회와 연대를 강화하고, 이들이 동북아 평화협력구상을 지원하도록 유도하는 것도 한국의 역할을 제고할 수 있는 방법의 하나이다. 인터넷과 통신망 등 초국가 네트워크가 확대되는 추세 속에서 한국의 인터넷 파워는 국제 시민사회에 대한 영향력 행사를 가능하게 만들기 때문이다. 특히 주요 지역 현안에 대한 주변국 국민들과 사회단체의 문제 의식과 민감도가 증가하고 있다는 점에 유의할 필요가 있다.

예를 들어, 북한의 3차 핵실험 이후 중국의 많은 일반 시민들이 분노의 감정을 갖게 되었고 이런 여론이 시민사회를 통해 결집되어 표출되는 양상을 보였다. 시민사회의 역할 증대라는 국제적인 추세에 부응하여 한국의 인터넷 파워를 대(對)시민사회 외교의 강점으로 활용한다면 동북아 평화협력구상에 대한 국제적인 지지 획득과 인터넷 강국이라는 한국의 이미지 제고를 상호 보완적으로 실현할 수 있을 것이다.

인터넷 강국으로서의 면모를 살려 세계 각지의 시민사회와 연대를 강화하고, 이들이 동북아 평화협력구상을 지원하도록 유도하는 것도 한국의 역할을 제고할 수 있는 방법의 하나이다. 인터넷과 통신망 등 초국가 네트워크가 확대되는 추세 속에서 한국의 인터넷 파워는 국제 시민사회에 대한 영향력 행사를 가능하게 만들기 때문이다.

5. 통일외교 차원

동북아 평화협력구상은 통일외교의 일환으로서 다음과 같은 몇 가지 차원에서 한국 주도의 평화통일에 우호적인 국제여건을 조성하는 데 기여할 수 있을 것이다.

첫째, 주변국들로 하여금 한반도 관련 문제를 한국이 주도하는 데 동의하고 순응하도록 유도함으로써, '한국 주도의 한반도 구도'라는 현상변경에 대한 주변국들의 수용성을 높일 수 있다. 역내 참가국들 간에 반복되는 협의와 협력의 과정을 통해서 한반도 문제에 대한 '한국 주도'를 기정사실화하는 것이다.

둘째, 동북아 평화협력구상을 통해 공통의 이익을 확인하고 다자간 협력을 증대하는 과정의 중심에 한국이 자리함으로써 한국이 '역내 평화와 협력의 아이콘'이라는 국가적 이미지를 구축할 수 있다. 한국이 동북아의 평화와 협력 문화의 창출을 선도하는 국가라는 우호적인 이미지는 한국 주도의 통일에 대한 주변국들의 우려와 거부감을 불식시키고 통일에 대해 우호적인 국제여건을 조성하는 데 기여할 것이다.

셋째, 동북아 평화협력구상의 기능주의적 접근이 평화통일로 나아가는 국제사회의 문을 여는 역할을 할 수 있다. 동북아 평화협력구상은 작지만 실천이 가능한 문제에서부터 공통의 이익을 확인하고 협력을 통해 이러한 이익을 달성하면서 함께 지켜야 할 평화와 협력의 공공재public good를 만들어가고자 한다. 이러한 기능주의적 접근방식이 결실을 내기 시작하면 궁극적으로 한반도 통일이 '지역의 안전과 평화의 공공재'라는 국제사회의 인식을 정착시키는 것도 가능할 것이다. 즉 한반도의 통일이 한민족의 이익만이 아니라 지역의 안정과 공동발전, 그리고 세계평화에 이익이 되는 통일, '모두가 윈-윈win-win할 수 있는 통일'이라는 국제적인 여론을 형성하게 될 것이다.

6. 북한 문제: 동북아 평화협력구상의 한국적 특색

동북아 평화협력구상은 북한의 건설적인 변화를 일차적인 목표로 삼는 것은 아니지만, 우선 북한의 변화를 이끌어 내고 북한 사회의 변화가 북핵 문제 해결에 선순환적인 영향을 미치도록 유도하겠다는 것이 기본적인 전제이다. 역내의 다자간 접촉과 협력이 가능한 틀을 만들어서 북한의 변화를 모색하고 북한 문제를 해결해 나가겠다는 것이다.

이런 점에서, 동북아 평화협력구상은 두 가지 차원에서 한국적 특색을 담아낸 구상이다.

첫째, 우선 역내의 다자간 협력을 도모하지만 북한의 변화를 이끌어낼 수 있다는 사실이 이 구상을 기존의 다른 지역적 다자안보구상들과 차별화시키는 특징이다. 이러한 한국적 특색은 동북아 평화협력구상을 한국이 주도하는 데 대한 반발을 무마하는 효과를 거두게 될 것이다. 역내의 평화와 협력을 해치는 북한 문제를 북한과 대치하고 있는 당사자로서 누구보다도 북한을 잘 아는 한국이 해결하겠다는 것에 대해서 반대할 나라가 있을 수 없기 때문이다.

> 북한의 변화가 동북아에 어떤 이익을 가져올 것인가에 대한 주변국의 질문에 대한 해답은 바로 박근혜 대통령이 2013년 6월 29일 중국 방문 중 칭화대학에서 한 연설에 담겨져 있다. 이 연설에서 박 대통령은 '북한변화 → 새로운 한반도 → 새로운 동북아'의 3단계 구도를 명확하게 제시했다.

둘째, 북한의 변화를 실현하기 위해서는 북한의 참여가 필요하다. 그런데 북한의 동참을 유도하기 위해서는 북한도 부담없이 논의할 수 있는 연성의제를 먼저 다룰 수밖에 없을 것이다. 이 점이 동북아 평화협력구상의 두 번째 한국적 특색이라고 할 수 있다.

북한의 변화가 동북아에 어떤 이익을 가져올 것인가에 대한 주변국의 질문에 대한 해답은 바로 박근혜 대통령이 2013년 6월 29일 중국 방문 중 칭화대학에서 한 연설에 담겨져 있다. 이 연설에서 박 대통령은 '북한변화 → 새로운 한반도 → 새로운 동북아'의 3단계 구도를 명확하게 제시했다. 북한 문제 해결의 궁극적 지향점이 새로운 동북아라는 비전을 명확하게 제시한 것이다.

박 대통령은 동북아의 평화·협력과 새로운 한반도, 그리고 북한의 변화가 밀접하게 연결되어 있다는 점을 두 가지 차원에서 밝혔다.

첫째, 북한의 변화가 한반도와 동북아 변화의 열쇠라는 사실이다. 박 대통령은 동북아의 진정한 평화·협력을 위해서는 새로운 한반도가 필요하고 새로운 한반도를 만들기 위해서는 북한의 변화가 필요하다며 다음과 같이 강조했다.

> "저는 동북아에 진정한 평화와 협력을 가져오려면, 무엇보다 시급한 과제가 '새로운 한반도'를 만드는 것이라고 생각합니다. 평화가 정착되고, 남북한 구성원이 자유롭게 왕래하고, 안정되고 풍요로운 아시아를 만드는 데 기여하는 한반도가 바로 제가 그리는 '새로운 한반도'의 모습입니다. 저는 한반도에 진정한 변화를 가져오고 싶습니다. 비록 지금은 남북한이 불신과 대립의 악순환에서 못 벗어나고 있지만 저는 새로운 남북관계를 만들고, 새로운 한반도를 만들 수 있다고 생각합니다. 그러려면 무엇보다 한반도와 동북아의 평화를 위협하는 북핵 문제를 해결하고, 북한이 국제사회의 책임 있는 일원이 되는 것이 중요합니다."

둘째, 북한의 변화는 한반도와 동북아의 발전에 긍정적인 영향을 미칠 것이라는 점이다. 박 대통령은 북한의 진정한 변화가 단초가 되어 한민족의 풍요를 보장하는 새로운 한반도 건설로 이어지고, 새로운 한반도가 또다시 새로운 동북아의 번영으로 귀결될 것이라며 다음과 같이 밝혔다.

"[핵포기와 국제사회 편입을 통해] 한반도에 평화가 정착되고, 남북한 구성원이 자유롭게 왕래할 수 있게 된다면, 동북 3성 개발을 비롯해서 중국의 번영에도 도움이 될 것입니다. 그리고 북한 문제로 인한 지정학적 리스크가 사라진 동북아 지역은 풍부한 노동력과 세계 최고의 자본과 기술을 결합해서 세계 경제를 견인하는 지구촌의 성장 엔진이 될 것입니다. 여러분들의 삶에도 보다 역동적이고 많은 기회를 제공할 것입니다. 한국과 중국의 젊은이들이 이 원대한 미래를 함께 만들어 가야 합니다. 이 자리에 계신 칭화인 여러분이 그런 새로운 한반도, 새로운 동북아를 만드는 데 동반자가 되어 주시기 바랍니다."

　북한의 변화가 새로운 한반도 형성으로 이어지고, 이를 토대로 다시 더 큰 틀의 새로운 동북아를 형성하는 구도를 [그림 3]에서와 같이 정리할 수 있다. 이 그림에서 동북아 평화협력구상은 비옥한 토양에 비유할 수 있다. 이 구상을 실천하는 노력은 땅을 갈고 비료를 주어 큰 나무가 자랄 수 있는 비옥한 토질을 만드는 것과 같다. 동북아 평화협력구상을 통해서 토대가 잘 만들어지면 북한의 변화라는 뿌리가 내리고 새로운 한반도라는 기둥이 세워지며 궁극적으로 새로운 동북아라는 무성한 줄기와 열매가 맺어질 것이다.

　물론 동북아 평화협력구상이 북한의 변화라는 목표를 실현시키기가 쉽지 않을 것이라는 견해도 존재한다. 북한이 정상적인 국가로 바뀌고 북한과 다른 참가국들 간의 관계도 정상화되기 전에는 역내의 의미있는 다자안보협력은 난망하다는 의견인 것이다. 그렇지만 이

[그림 3] 북한의 변화와 새로운 한반도·동북아

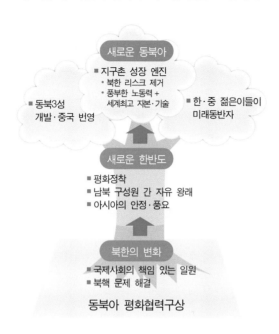

새로운 동북아
■ 지구촌 성장 엔진
· 북한 리스크 제거
· 풍부한 노동력 +
세계최고 자본·기술

■ 동북3성
개발·중국 번영

■ 한·중 젊은이들이
미래동반자

새로운 한반도
■ 평화정착
■ 남북 구성원 간 자유 왕래
■ 아시아의 안정·풍요

북한의 변화
■ 국제사회의 책임 있는 일원
■ 북핵 문제 해결

동북아 평화협력구상

문제는 동북아 평화협력구상의 기능주의적 접근방식을 통해 풀어나
가야 할 것이다. 현 시점에서 역내 국가들이 공통으로 갖고 있는 관
심사와 문제점을 발견해서 해결해 나가는 점진적인 과정을 통해 협
력의 문화를 창출하고 서로에 대한 인식의 변화를 가져오게 하는 것
이 선결과제라고 할 수 있다.

헬싱키 프로세스에 대한 북한의 부정적인 인식을 감안할 때, 동북
아 평화협력구상에 북한의 참여를 유도하기기 쉽지 않을 것이라는
지적도 있다. 북한은 헬싱키 프로세스가 동구 공산정권을 붕괴시킨

원인으로 인식하며, 특히 인권 문제를 다루는 것에 매우 부정적이라는 것이다. 기본적으로 북한은 동북아 평화협력구상도 정권교체의 일환으로 해석할 것이라는 견해이다. 이 문제는 다음과 같이 두 가지 차원에서 접근해야 한다.

첫째, 북한의 참여가 동북아 평화협력구상이 출발하는 데 전제조건은 아니라는 점이다. 북한을 제외한 역내의 나머지 국가들이 먼저 구상을 실천하면서 북한이 가질 수 있는 의구심과 우려가 근거없는 기우라는 점을 행동으로 보여줄 수 있을 것이다.

둘째, 동북아 평화협력구상이 연성의제에 초점을 맞춤으로써 북한의 동참을 촉진할 수 있을 것이다. 북한도 동참해서 해결할 수 있는 공통의 관심 사안을 찾아서 논의하는 것이다.

7. 북핵 문제 접근방식

북핵 문제와 관련, 동북아 평화협력구상은 역내에서 다면적 협력을 통해 만들어진 신뢰의 에너지를 한반도에 투입해서 북핵 문제 해결을 촉진한다는 목표를 갖고 있다. 6자회담은 북핵 문제를 고리로 동북아의 안보협력과 한반도 평화체제 등으로 범위를 확대하는 'In → Out' 접근방식이라고 할 수 있다.

반면에 서울 프로세스는 다양한 관심사항에 대한 협력을 통해서

6자회담과 동북아 평화협력구상은 상호 보완적인 관계에 있다. 북핵 문제에서의 진전이 주변 분야의 진전으로 연결되면 이는 서울 프로세스가 추진하는 다양한 연성의제들의 합의·이행을 촉진하는 환경을 조성하게 될 것이다. 마찬가지로 동북아 평화협력구상의 연성이슈 중심의 접근이 성과를 내게 되면 이 구상이 의도하는 대로 북핵 문제 해결을 촉진할 수 있는 우호적인 여건이 마련되는 것을 의미한다.

축적된 신뢰를 토대로 역내의 핵심 현안인 북핵 문제 해결에 집중한다는 차원에서 'Out → In' 접근방식을 따른다고 할 수 있다. 양자의 차이를 [그림 4]에서와 같이 나타낼 수 있다.

[그림 4] 6자회담 대(對) 서울 프로세스

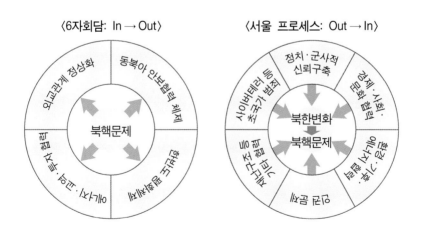

〈6자회담: In → Out〉　　〈서울 프로세스: Out → In〉

6자회담과 동북아 평화협력구상은 상호 보완적인 관계에 있다. 북핵 문제에서의 진전이 주변 분야의 진전으로 연결되면 이는 서울 프로세스가 추진하는 다양한 연성의제들의 합의·이행을 촉진하는 환경을 조성하게 될 것이다. 마찬가지로 동북아 평화협력구상의 연성이슈 중심의 접근이 성과를 내게 되면 이 구상이 의도하는 대로 북핵 문제 해결을 촉진할 수 있는 우호적인 여건이 마련되는 것을 의미한다. 이런 점을 감안할 때, 6자회담과 동북아 평화협력구상은 추진과정에서 자연스럽게 쌍방향으로 영향을 미치며 조율하는 모습을 띠게 될 것이다.

제2부

미·일·중·러와의
협력방안

제5장

동북아 평화협력구상에 대한
미국의 입장 및 협력방안

지구촌에서 가장 첨예하고 뿌리 깊은 대립각들이 존재하고 있는 동북아 지역을 협력과 평화의 무대로 전환시키려는 노력이 필요하다는 점에 대해서는 이론의 여지가 없으며 미국도 이러한 대전환의 필요성을 충분히 인식하고 있다. 미국의 관점에서 보았을 때 동북아의 전략적 비중은 중국의 부상과 함께 더욱더 확대될 것으로 전망하고 있는 만큼 그 어느 때보다 미국의 영향력을 지속적으로 유지할 수 있는 방안을 모색 중에 있다.

따라서 미국은 동북아 평화협력구상이 북핵 문제를 포함한 한반도 안보 문제를 해소하는 데에 적극 기여할 수 있는 보다 내실 있는 방안들을 강구하고 한미동맹 강화와 한미일 안보협력 보강 등에 기여할 수 있기를 기대하고 있다.

> 미국의 일각에서는 한중 경제관계가 심화되면 될수록 한국이 설령 원하지 않는다 하더라도 중국의 영향권으로 편입될 가능성이 있는 것으로 전망하고 있다. 따라서 한중 간의 원만한 관계발전과 한미동맹 강화를 병행적으로 추진할 수 있는 전략적 혜안을 발휘하는 것이 동북아 평화협력구상을 단계적으로 실천할 수 있는 로드맵으로 볼 수 있다.

미국의 주요 관심은 아시아 지역에서 뿌리내린 핵심적인 동맹관계들을 더욱더 미래지향적으로 발전시킴과 동시에 중국의 부상을 지속적으로 예의주시하면서 미국의 상대적인 안보 역할이 축소될 수 있는 가능성을 최대한 줄이는 것이라고 볼 수 있다. 중국은 한국을 포함한 거의 모든 역내 국가들과 매우 긴밀한 경제협력관계를 유지하고 있으며 미국 역시 중국과의 밀접한 상호의존적인 경제관계를 유지하고 있다. 미국은 역내 국가들과의 경제협력관계를 한층 더 강화할 수 있는 방안을 적극적으로 추진할 것으로 예상되며 환태평양경제동반자협정TPP: Trans-Pacific Partnership 경우가 대표적인 사례로 볼수 있겠다. 미국의 일각에서는 한중 경제관계가 심화되면 될수록 한국이 설령 원하지 않는다 하더라도 중국의 영향권으로 편입될 가능성이 있는 것으로 전망하고 있다. 따라서 한중 간의 원만한 관계발전과 한미동맹 강화를 병행적으로 추진할 수 있는 전략적 혜안을 발휘하는 것이 동북아 평화협력구상을 단계적으로 실천할 수 있는 로드맵으로 볼 수 있다.

따라서 동북아 평화협력구상이 북핵 문제를 포함한 한반도 안보 문제를 해소하는 데에 적극 기여할 수 있는 보다 내실 있는 방안, 한미동맹 강화, 그리고 한미일 안보협력 보강 등을 강조할 경우, 미국은 동북아 평화협력구상을 보다 적극적으로 지원할 수 있을 것으로 전망된다. 특히 중일 간의 군사적 마찰도 해소할 수 있도록 동북아 평화협력구상을 발전적으로 확대할 경우 신뢰구축 제도화의 초석이 될 수도 있을 것이다.

I. 동북아 평화협력구상에 대한 미국의 태도

미국의 오바마 대통령과 중국의 시진핑 주석은 각각 한국 정부의 동북아 평화협력구상에 대한 원칙적인 지지를 지난 한미 및 한중 정상회담을 통해 밝힌 바 있으며 북핵 문제를 포함한 다양한 안보 현안들을 점진적으로 해소하는 데에 기여할 수 있다는 입장을 표방한 바 있다. 하지만 동북아 평화협력구상이 구체화된다 하더라도 미중 간의 협력적이면서도 경쟁적일 수밖에 없는 새로운 강대국관계, 중일 간의 전략적 대립 가능성, 그리고 남북 간의 첨예한 경쟁구도 등 동북아의 뿌리 깊은 지정학적 갈등구조 실태를 극복할 가능성은 매우 낮다. 따라서 미국의 전략적 입장에서 관찰해 보았을 때 미국이 한국 정부가 추진하고자 하는 동북아 평화협력구상을 긍정적으로 평가하고 있는 것은 사실이지만, 동북아 평화협력구상의 성공여부는 한미동맹의 강화, 역사에 뿌리를 둔 역내 갈등들의 실질적인 극복, 내실 있는 한미일 안보협력 증진, 그리고 중국을 자극하지 않으면서도 미국의 전략적 입지를 어떻게 강화할 것인가 하는 문제 등에 달려 있다고 예상할 수 있다.

오바마 행정부는 박근혜 정부와의 긴밀한 협력을 미국의 새로운 아시아 구상에 더 없이 중요한 요소로 평가하고 있으며, 이명박 정부 하에 한층 강화된 한미동맹관계를 지속적으로 유지할 필요가 있다는 인식을 하고 있다. 미국은 동북아 신뢰구축 강화를 매우 필요한 과제로 인식하고 있지만 보다 거시적인 안목에서 보았을 때 미국의 관심은, 중국의 부상을 예의 주시하면서 미국과 핵심적인 우방국들의 전략적 입지 약화 가능성을 차단하고 예방하는 것이다. 물론 동북아 평화협력구상이 점진적으로 제도화되고 동북아에서도 '신뢰의 습관'이 정책화될 경우 북핵 문제를 포함한 핵심적인 역내 안보 문제들을 해소하는 데에 크게 기여할 수 있을 것이다.

지난 6월 7~8일 캘리포니아 서니랜즈에서 개최되었던 미중 정상회담을 계기로 북핵 문제의 외교적 해결을 위한 미중 간의 전략적 이해가 그 어느 때보다 일치하고 있다고 볼 수도 있겠다. 하지만 이러한 중국의 입장이 중국의 근본적인 대북 정책으로 이어질 가능성에 관한 한 보다 신중한 접근이 필요하다고 본다. 따라서 비록 미국과 중국이 북핵 해결을 위해 협력하고 있는 것은 사실이지만 대한반도 전략에 관한 한 미국과 중국 간 격차는 여전히 크고 깊다.

2030년을 전후로 중국의 포괄적인 경제력이 미국의 경제력을 추월할 것이라는 전망이 현실화될 가능성도 있는 만큼, 미국의 관점에서는 미국 중심의 패권을 최대한 연장시킬 수 있는 동북아 질서를 희망하고 있다. 그러나 중국의 힘이 지속적으로 확대될 것이 거의 확실시되는 가운데 미국의 아·태전략과 미국의 포괄적인 대전략grand strategy도 부분적으로 수정될 가능성을 배제할 수는 없다. 미국이 앞으로 냉전 당시와 같이 압도적인 경제력과 군사력을 보유할 수 없는 만큼 역내의 주요 동맹국과 우방국들과의 전략적 연대에 보다 많은 비중을 둘 가능성이 점진적으로 높아지고 있고 한미동맹 역시 예외일 수는 없다.

동북아 평화협력구상 그 자체만 보았을 때 미국이 특별히 우려할 요소는 많지 않다. 역사적 갈등의 극복, 소프트한 안보 현안부터 해결할 수 있는 접근 방법, 그리고 원자력 안전성 확대와 초국가적 범죄예방 등 미국의 관점에서도 투명성증대 차원에서 충분히 지지할 수 있다. 그러나 미국은 동북아 안보질서가 획기적으로 개선될 가능성이 높지 않다고 평가하고 있으며, 동북아 질서를 존속시키는 데에 있어서 가장 필수적인 요소는 여전히 미국을 중심으로 한 아시아 안보체제security system로 보고 있다. 물론 이러한 미국의 전략적 사고를 지속적으로 뒷받침할 수 있는 제반의 능력이 있느냐 하는 문제도 그 어느 때보다 심각하게 고려할 수밖에 없다.

한 예로, 미국의 심각한 재정적자와 향후 10년의 기간 동안 예상되는 방위비 삭감(약 4,800억 달러)으로 인한 군사력 저하 가능성이 현실화될 경우, 아무리 미국이 부인한다 하더라도 동북아와 아시아 전역에 투입할 수 있는 군사력 역시 영향을 받을 수밖에 없을 것이다. 따라서 한미, 미일, 그리고 미·호주 동맹관계 등을 중심으로 한 핵심적인 역내 동맹국들의 방위비 분담금 확대 가능성이 점진적으로 부각될 가능성이 높으며, 다음과 같은 상황전개 역시 예상해 볼 수 있겠다.

첫째, 중국의 안보역할 확대와 이러한 환경 속에서 한층 강화될 수도 있는 한중 간의 장기적인 전략적 이해관계 설정이다. 물론 장기적인 안목에서의 한중관계와 동북아 평화협력구상이 직접적인 연관성이 높지는 않지만 미국의 시각에서 보았을 때 동북아 평화협력구상이 구체화되면 될수록 한중협력이 심화될 가능성을 배제할 수 없다. 특히 한국이 한일관계보다 한중관계에 보다 많은 전략적 비중을 둘 경우 미국은 크게 우려할 수밖에 없을 것으로 전망된다. 뿐만 아니라, 북핵 문제를 포함한 한반도의 다양한 안보 현안들을 해결하는 데에 있어서 미국의 역할보다 중국의 역할과 비중이 확대될 가능성도 있는 만큼 미국의 관점에서 보면 이러한 가능성을 최소화하는 것이 핵심적인 외교과제일 것이다.

또한 '아시아 중심의 동북아' 질서가 보다 구체적으로 제도화될 가능성이 높지는 않지만 단계적으로나마 실현될 경우 미국의 전통적인 역할이 약화될 가능성도 배제할 수 없을 것으로 관측된다. 이러한 전망이 현실적으로 대두될 가능성은 여전히 낮지만 장기적인 안목에서 동북아 평화협력구상을 포함한 제반의 역내협력이 활성화되고 특히 한중 간의 경제적·정치적·군사적 협력관계가 비약적으로 발전할 경우, 미국의 상대적인 중요성은 감소될 가능성이 높으며 한미동맹 역시 약화될 수밖에 없을 것으로 전망할 수 있다.

둘째, 박근혜 정부의 동북아 평화협력구상이 과거 노무현 정부가 추진했던 동북아 균형자론하고는 근본적인 차이가 있지만, 미국이 우려할 수 있는 또 다른 요소는 미중을 중심으로 한 한국의 '균형 정책'이며, 이것이 장기적인 차원에서는 한미일 안보협력관계의 약화로 이어질 수 있다는 점이다. 냉전 당시의 유럽질서는 북대서양조약기구와 바르샤바조약기구를 중심으로 한 동서 간의 전략적 균형으로 유지되어 왔으나, 구소련과 동구권의 붕괴로 유럽 내의 핵심적인 안보 딜레마는 근본적으로 해소되었다. 하지만 동북아의 경우, 중국이 차지하고 있는 비중과 주변국들과의 관계정립을 보면 구소련과는 비교할 수 없을 만큼의 큰 차이를 보여주고 있다. 즉, 구소련의 경우 비록 일부 서방국가들과 경제관계를 유지해온 것은 사실이지만 매우 제한적인 차원에서 이루어졌다. 하지만 중국의 경우, 한국을 포함한 거의 모든 역내 국가들과 매우 긴밀한 경제협력관계를 유지하고 있으며 미국 역시 중국과의 밀접한 상호의존적인 경제관계를 유지하고 있다. 따라서 향후 중국이 미국을 제치고 세계 제1의 경제대국으로 등극할 경우 분명히 정치적·외교적 파장도 있을 수 있다고 예상할 수 있다.

셋째, 동북아 평화협력구상의 핵

북핵 및 장거리 미사일 위협들을 효과적으로 관리하고 특히 대북제재를 유지하기 위한 한미일 안보협력은 필수 요소이지만, 한일 간의 뿌리깊은 불신과 일본의 우경화로 인한 한일관계의 회복 및 정상화가 둔화될 경우 미국의 포괄적인 아태전략에 필수적인 한미일 3각 안보협력관계 역시 약화될 가능성도 배제할 수 없겠다.

심적인 의제는 대화해와 역사 및 영토갈등의 극복이며 특히 한중일을 축으로 한 미래지향적인 관계설정이다. 따라서 한일 그리고 중일 간의 뿌리 깊은 역사갈등을 동북아 평화협력구상을 계기로 단계적으로 해소할 수 있을 경우에는 다행이지만, 만일 중일 및 한일 갈등이 장기화될 경우 한반도 안보 제반에 부정적인 영향을 미칠 수 있다. 특히 북핵 문제에 있어 6자회담을 통해 해결하는 과정도 그만큼 더 지연될 수 있을 것으로 예상할 수 있다. 한국 정부의 일관된 입장은 일본의 올바른 역사인식을 계기로 새로운 한일협력을 시도할 수 있다는 것이지만, 만일 일본의 역사인식이 쉽게 변화하지 않고 외교안보적 우경화 현상이 수정되지 않을 경우 한일관계가 회복될 가능성 역시 매우 낮다고 볼 수밖에 없다. 따라서 미국의 입장에서 보았을 때 북핵 및 장거리 미사일 위협들을 효과적으로 관리하고 특히 대북 제재를 유지하기 위한 한미일 안보협력은 필수 요소이지만, 한일 간의 뿌리깊은 불신과 일본의 우경화로 인한 한일관계의 회복 및 정상화가 둔화될 경우 미국의 포괄적인 아태전략에 필수적인 한미일 3각 안보협력관계 역시 약화될 가능성도 배제할 수 없겠다.

III. 미국 외교에서 동북아 평화협력구상의
긍정적 요인

1945년 이후 미국의 대(對)아·태 전략의 기본적인 원칙은 역내의 경쟁적 패권세력의 등장을 막는 것이었으며, 중국의 급속한 부상 이전까지는 대체적으로 성공했다고 볼 수 있다. 이와 같은 미국의 대전략은 서태평양에서의 항해의 자유freedom of navigation를 보장해줄 수 있는 유일한 국가는 미국밖에 없었기 때문에 성공할 수 있었으며, 21세기 초기에도 절대 다수의 동아시아 국가들은 미 해군력을 발판으로 한 항해의 자유를 매우 소중한 전략적 자산으로 여기고 있다.

한편 한국, 일본, 호주, 태국, 필리핀 등 미국의 전통적인 우방국들은 여전히 미국의 군사적 역할의 중요성에 대해 공동인식을 갖고 있다. 특히 동중국해와 남중국해에서의 영토분쟁의 악화로 중국·아세안 관계에 부정적인 영향을 미치고 있는 가운데 미국의 군사적 우위의 중요성은 더욱더 강조되고 있다. 한 예로, 베트남의 투루옹 탄 송 국가주석은 2013년 7월 23~26일 미국을 공식적으로 방문하고 오바마 대통령과의 정상회담을 가졌다. 미국과 베트남은 1995년 7월에 회복한 양국관계를 계기로 자유무역협정FTA: Free Trade Agreement

체결을 포함한 다양한 협력관계를 강화해 왔으며 특히 중국의 부상에 대한 양국 간의 공통된 인식이 중요한 전략적 전환점이 되었다고 볼 수 있다.

동시에 미국은 중국과의 보다 예측 가능한 관계를 희망하고 있다는 점을 계속 강조해 왔으며 중국이 보다 책임있는 대국으로 발전하기를 기대하고 있는 점도 누차 지적해온 바 있다. 바로 이러한 차원에서 미국은 보다 안전적이고 예측가능한 동북아 질서의 중요성을 인식하고 있으며 특히 미래지향적인 한미중 3각관계가 구축될 수 있을 경우 한반도 통일 문제를 포함한 매우 핵심적인 문제들을 해결할 수 있는 데에 보탬이 될 수 있다고 생각하고 있다. 중국의 부상을 기정사실로 받아들일 수밖에 없지만 동시에 동북아의 갈등이 증폭되면 될수록 미국의 핵심적인 이익에도 부정적인 영향을 미칠 수밖에 없을 것이다. 미중 간의 갈등을 최소화하고 특히 중일 간의 새로운

오바마 행정부는 역대 어느 행정부보다 아시아에 보다 많은 관심을 표명한 것만은 틀림없으며 아시아 중시 정책 역시 오바마 대통령의 세계관과 정책적 우선순위를 반영한 결과였다. 미국의 아시아 중시 정책 (pivot to Asia)을 둘러싼 논쟁도 분명히 있으나 오바마 행정부가 아시아의 상대적 중요성을 높이 평가하고 있다는 점은 동북아 평화협력구상을 구체화하는 데에 도움이 될 수 있는 요소이다.

군사적 마찰과 새롭게 대두될 수 있는 중일 간의 군비경쟁을 예방하는 것이 필요하다는 점을 미국은 분명하게 인식하고 있다.

오바마 행정부는 역대 어느 행정부보다 아시아에 보다 많은 관심을 표명한 것만은 틀림없으며 아시아 중시 정책 역시 오바마 대통령의 세계관과 정책적 우선순위를 반영한 결과였다. 미국의 아시아 중시 정책pivot to Asia을 둘러싼 논쟁도 분명히 있으나 오바마 행정부가 아시아의 상대적 중요성을 높이 평가하고 있다는 점은 동북아 평화협력구상을 구체화하는 데에 도움이 될 수 있는 요소이다. 이러한 차원에서 동북아 평화협력구상이 미국이 추진하고 있는 아시아 중시 정책과 어떠한 차원에서 상호 보완적인 관계를 유지할 수 있을지를 구체화는 작업이 매우 중요한 과제로 부각될 수밖에 없다고 판단된다.

중국의 부상으로 이른바 G-2 시대가 도래했다고 많은 전문가들이 평가하고 있는 가운데 미국도 미중관계가 그 어떠한 양자관계보다 중요하다는 점에 대해 수긍하고 있다. 그러나 동시에 중국의 상대적인 영향력을 부분적으로 최소화하기 위한 방안들을 모색함으로써 사실상 모순적인 대중 정책을 펴고 있다. 미국이 적극적으로 추진하고 있는 환태평양경제동반자협정은 이러한 차원에서 이해할 필요가 있다. 그리고 9.11 이후 미국은 이라크전쟁과 아프간전쟁을 계기로 아시아 지역에 보다 집중적인 군사력 현대화 작업을 미루어 왔다. 그렇지만 아시아 중시 정책을 계기로 보다 전략적인 군사 현대화 및 합동작전 능력강화 등에 주력할 가능성이 높아졌다.

오바마 행정부는 동북아 평화협력구상 그 자체를 반대할 이유는 없으며 오히려 동북아 평화협력구상이 미국의 아시아 전략에 도움이 될 수 있도록 한미동맹을 강화하는 데에 주력할 가능성이 높다. 이와 관련, 오바마 행정부는 다음과 같은 대원칙을 중시할 것으로 전망된다.

첫째, 동북아 평화협력구상은 한미동맹관계는 물론 미일, 미호주 등의 역내의 핵심적인 동맹관계에 부합되는 차원에서 추진되어야 한다는 점이다.

둘째, 미국은 동북아 평화협력구상의 핵심적인 기조 중 하나인 역내 관련국가 간의 대화해정신을 적극 찬성하고 있지만 이를 위한 한일 간의 갈등극복을 가장 중요한 요소 중 하나로 간주하고 있다는 점이다.

셋째, 미국은 한중협력 증진을 지지하고 있으며 최근에 개최된 한중 정상회담을 매우 긍정적으로 평가하고 있다. 하지만 이러한 긍정적인 측면이 분명이 있음에도 불구하고 미국의 기본적인 인식은 동북아 질서를 유지함에 있어서 핵심은 한미일 3각 협력관계라는 점이며, 동북아 평화협력구상이 구체화되면 될수록 기존의 한미일 협력의 틀이 약화되지 않도록 해야 함을 중요한 전제로 간주할 것으로 예상된다.

제6장

동북아 평화협력구상에 대한 일본의 입장 및 협력방안

　　지금까지 한일 양국은 중국의 부상에 따른 파워 전환기에 동북아 질서의 균형을 유지하는 역할을 했다. 또한 한일의 경제협력은 동북아 경제발전에 긍정적인 역할을 하였다. 게다가 문화교류의 활성화는 한류가 세계로 나아가는 원동력이 되었으며, 한일 양국의 이미지를 전환하는 데 크게 기여를 하였다. 이로 인해 한일 양국은 이익을 공유하는 가까운 이웃이 되었다.

　　그러나 작금의 한일관계가 정치적 이유로 말미암아 서로의 잘못을 탓하면서 감정적인 충돌이 빈번해지는 관계가 되었다. 지금의 상황을 고려해보면 한일 양국의 우호관계는 매우 취약하며, 양국 간 갈등을 조정할 수 있는 메커니즘이 과연 존재하고 있는지조차 의심스러울 정도이다. 한일 양 정부는 한일관계가 중요하다고 쉽게 말하지만,

현실에서는 한일 양국의 갈등이 유무형의 심각한 손실 및 희생의 비용을 증가시키고 있다. 예를 들면, 한류 붐의 상징이었던 일본의 신오쿠보 거리는 매일 혐한론자의 데모 거리가 되었고, 재일동포와 사업가는 한일관계의 갈등에 속앓이를 하고 있다.

동북아 평화협력구상이 성공적으로 시작되기 위해서는 일본의 참여가 매우 중요하다. 그러나 한일 양국은 정부 간 대화조차 잘 진행되고 있지 못하고 있는 것이 현실이다. 예를 들면, 한일의원연맹은 서로 만나기조차 꺼려하고 있으며, 정기적으로 하는 축구시합조차 중지하였다. 또한 한일교류위원회, 한일친선협회 등의 전통적인 한일교류의 채널도 한일 정부를 설득하기보다는 소극적인 대응으로 일관하고 있다. 더욱이 정부간 대화는 외무장관과 차관이 만나는 것으로 물꼬를 트는 것처럼 보였지만, 여전히 상대방의 행방에 신경을 쓰며 의미있는 진전을 이루지 못하고 있다.

한일관계가 나빠지고 있다는 것은 여론조사를 보더라도 알 수 있다. 일본 내각부의 조사에 따르면 일본인은 한국에 대한 비호감도가 작년보다 23.7% 늘어나 약 59%로 급증하였다. 한국에 대한 친근감도 전년 대비 23% 감소하여 15년 만에 39.2%로 추락하였다. 이 결과만 놓고 보면 연일 반일시위를 하는 중국보다 한국의 호감도 하락폭이 2배 이상으로 크다. 이 가운데 한국인의 95%는 일본이 과거사 문제를 반성해야 한다고 생각하는 반면, 일본인은 63.4%가 한국의 주장이 잘못이라고 생각하고 있어 한일 간의 인식차는 점차 깊어지고 있다. 이러한 상황에서 동북아 평화협력구상을 실현하고자 하는 한국의 고민은 깊어질 수밖에 없다.

I. 동북아 평화협력구상에 대한 일본의 태도

현재 한국과 일본은 서로 간의 대화 부재로 동북아 평화협력구상에 대한 공식적인 입장을 확인하기 힘든 상황이다. 일본 정부는 동북아 평화협력구상에 대한 내용을 잘 알지 못하기 때문에 이에 대한 적극적인 의사표시가 나올 수 없는 상황이다.

일본의 동북아 평화협력구상에 대한 일반적인 생각으로는 박근혜 대통령이 미 의회에서 연설하였듯이 미국을 포함한 동북아의 환경이나 재해 구조, 원자력 안전, 테러 대책 등의 (비전통적인 안보) 과제부터 협력하여 신뢰를 쌓고 다른 분야로까지 협력의 범위를 확대하는 '동북아시아 다국간 대화 프로세스'의 시작을 강조한 것으로 알고 있다. 또한 한미 양국이 주도하여 북한에도 문호를 개방하고 환경 등 비정치적인 분야부터 안보분야로 대화의 단계를 끌어 올리는 '서울 프로세스'를 한국이 주장하는 것으로 알고 있다.

> 일본은 중국에 경사되어 있는 한국이 한미일 협조체제에 대한 전략적인 협력을 생각하고 있는지에 대해서도 의심을 하고 있다. 일본의 한국에 대한 섭섭한 감정과 불만은 일본 정부의 대한 정책에서 잘 나타나고 있다. 이전의 '침묵하는 일본'에서 '주장하는 일본'으로 일본 정책이 변화된 것이다.

현재 일본 정부의 동북아 평화협력구상에 대한 태도를 유추해보면 첫째, 한일관계의 경색이 풀리지 않는 상황에서 한국이 주도하는 다자 구상에 적극적으로 참여한다는 것은 쉽지는 않다고 볼 수 있다. 현재 일본의 대한국 인식은 2012년 8월 이명박 대통령의 독도 방문과 천황에 대한 언급에서 한일갈등의 원인을 찾고 있으며, 한국이 일본을 자극했다는 점을 강조하고 있다. 아베 정권이 들어서면서부터는 한국에 대한 배려가 오히려 한일관계를 악화시키고 있다는 생각이 강하다. 또한 박근혜 대통령이 역사 문제에서 강경일변도로 나오면서 한일관계에서 타협할 수 있는 여지가 줄어들었다고 생각한다. 게다가 일본은 중국에 경사되어 있는 한국이 한미일 협조체제에 대한 전략적인 협력을 생각하고 있는지에 대해서도 의심을 하고 있다.

일본의 한국에 대한 섭섭한 감정과 불만은 일본 정부의 대한 정책에서 잘 나타나고 있다. 이전의 '침묵하는 일본'에서 '주장하는 일본'으로 일본 정책이 변화된 것이다. 한국 정부는 아베 정권하에서 일본

식민통치에 대한 반성과 사죄가 부정된 마당에서는 한일의 협력관계가 수립되기 어렵다는 인식이 강한 데 비해 일본은 역사 문제에 대해서는 더 이상 논의를 하지 않으려는 입장이 강하다. 한국이 전후 일본의 민주주의를 평가해 주지 않는 것에 대한 불만을 제기한다. 또한 역사에 대해 자신만이 옳다고 생각하는 것은 잘못이며, 역사 문제는 서로 일치되는 것이 어렵다는 것이 일본 정부의 입장이다. 게다가 이명박 대통령의 독도 방문과 그 이후의 천황 발언으로 인해 일본이 한일관계를 개선하고자 하는 의지마저 상실하게 만들었다고 한국의 잘못을 비판하기도 한다. 따라서 한국에 대한 일본 정부의 불만이 전략적인 사고보다 우선하기 때문에 일본은 한국의 동북아 평화협력구상에 쉽게 동의를 하지 않을 가능성이 높다.

둘째, 앞으로 한일 간 안보에 대한 인식 차이도 동북아 평화협력구상에 부정적인 영향을 미칠 수 있다. 현재 한국 정부는 일본의 헌법 개정과 집단적 자위권의 추진에 우려를 표하면서 역사에 대해 반성과 사죄를 하지 않은 일본의 우경화에 대한 위험성을 강조하고 있다. 그러나 일본 정부는 집단적 자위권의 해석 변경의 문제는 일본이 보통국가화로 가기 위한 과정이며, 이제야말로 일본 정치권에서 논의를 할 수 있는 분위기가 되었다고 생각한다. 심지어는 일본이 정상화되고 있다고까지 주장한다. 또한 한국 측이 아시아 패러독스를 설명하면서 일본 정치가들의 문제점을 지적하면, 일본 측은 아시아 패러독스는 중국의 부상에 따라 생겨난 현상이라고 반론한다. 즉 일본 측은 최근 일어난 영토와 역사분쟁은 중국이 부상하면서 형성된 문제라는 것이다. 더 나아가 일본 측은 중국에 대한 대응을 논의해야지 한국이 '일본의 우경화'만 문제 삼는 것은 이해하기 힘들다는 반응이다. 따라서 일본은 중국의 부상에 대한 대응이 시급하다고 생각하는 경향이 강하며, 동북아 평화협력구상을 시작하기 위해서라도 한미일 협조체제가 강화되어야 한다는 것을 강조할 수 있다. 이 점에서 일본의 동북아에 대한 인식은 일본, 중국의 경쟁과 대립이 문제가 있다는 한국과 다를 수밖에 없다.

그렇다고 일본이 한일관계의 문제를 핑계로 한국의 동북아 평화협력구상에 대해 부정적인 것만은 아닐 것이다. 동북아에서 협력의 경험과 신뢰를 축적한다는 점에서는 긍정적인 입장을 보일 수 있다. 일본 입장에서 볼 때 중일관계가 악화된 현재 시점에서 중일관계를 풀기 위한 방법으로 일본이 직접적이고 외교적인 타결을 하는 것이 가

지금까지 일본의 국제정치에 대한 태도를 보면 일본은 미국이 적극적인 참가 의사를 보이고 중국도 참가하면 일본도 전략적인 상황(동북아에서 고립과 영향력의 약화)을 고려하여 참가하지 않을 수 없게 될 가능성은 높다. 그렇다고 할지라도 일본은 한국과 중국이 함께 일본을 압박할 가능성은 없는지, 중국을 다자의 틀에 묶는 것이라면 기존의 협력 메커니즘과 무엇이 다른지에 대한 전략적인 고려를 할 것이다.

장 바람직하지만, 중일 타협은 현실적인 어려움이 많다. 이 점에서 한일관계가 안정화된다면 한국이 중국을 끌어들여 다자의 틀에서 동북아 질서를 논의하는 것은 일본의 외교전략과 맞아 떨어지는 부분이 많다. 또한 동북아 평화협력구상에서는 경성안보 이슈보다는 연성안보 이슈에 집중하는 측면이 있기 때문에 고이즈미 전 총리 이후 일본이 동북아에서 영향력을 확보하고자 했던 외교적인 노력과 일치한다. 그리고 동북아 평화협력구상이 가동되면 한일이 경제협력에서도 표준을 만들 수 있고, 장기적으로 보면 경제적인 문제에 대해서는 일본의 역할이 확대될 수 있는 이점이 있다. 그렇지만 전제조건으로는 미국이 적극적인 참가를 하면서 한미일이 중심세력으로 역할을 해야 한다는 생각이 강할 수 있다. 그렇기 때문에 한일관계가 안정화되어야 하며, 한국이 일본의 중요성을 재확인을 해주어야 한다는 생각이 많다.

지금까지 일본의 국제정치에 대한 태도를 보면 일본은 미국이 적극적인 참가 의사를 보이고 중국도 참가하면 일본도 전략적인 상황(동북아에서 고립과 영향력의 약화)을 고려하여 참가하지 않을 수 없게 될 가능성은 높다. 그렇다고 할지라도 일본은 한국과 중국이 함께 일본을 압박할 가능성은 없는지, 중국을 다자의 틀에 묶는 것이라면 기존의 협력 메커니즘과 무엇이 다른지에 대한 전략적인 고려를 할 것이다. 특히 한중일 정상회의와 어떤 다른 점이 있는지에 대한 의문을 제기할 수 있다.

II. 일본이 우려하는 요소

        동북아 평화협력구상에서 일본이 우려하는 점은 첫째 역사 문제를 거론하면서 한중 간에 국제적인 연대를 통해 일본을 압박하는 상황이 만들어지는 것이다. 현재 일본은 역사 문제에 대해 강경하게 나오는 이웃국가인 한국에 대한 섭섭한 감정이 노골화되고 있다. 일본 정부는 '이명박 대통령의 천황 발언', '3.11(후쿠시마 원전 사고) 2주기 기념식에 중국과 한국만이 불참한 것'에 더하여 박근혜 대통령이 미국과 중국에까지 가서 역사 문제를 지적한 것에 대해서 매우 비판적이다. 게다가 한국은 일본과 만나기만 하면 역사에 대한 지적을 하니 일본 정부 내에 한국에 대한 불만과 우려가 높아졌다.

  그 결과 일본 정부 내에 점차 한국을 대변하는 목소리는 줄어들었으며, 심지어 한국을 중국과 동일시하는 경향마저 나타났다. 게다가 일본 정치권에서도 역사 문제에서 한국에 배려해서는 안 되며 오히려 타협하는 것이 문제라는 강경론이 우세한 입장이다. 이러한 일본의 상황을 고려하면 한국의 동북아 평화협력구상에 역사·영토 문제의 해결을 지향하는 내용이 포함된 것에 일본이 의구심을 가지는 것은 당연하다.

  한국 정부가 설명하는 아시아 패러독스는 전 세계 국내총생산GDP:

Gross Domestic Product의 20%를 차지하는 한·중·일 3국은 상호 경제의존도가 높지만, 이와 동시에 동북아에서는 역사와 영토갈등, 군비경쟁, 핵 위협, 신뢰부족 등으로 동북아가 정치적으로 큰 진통을 겪고 있다는 주장이다. 따라서 아시아 패러독스를 해결하기 위해 동북아 평화협력구상이 필요하다는 것이 한국의 주장이다.

그러나 일본은 한국이 동북아 평화협력구상을 통하여 역사 문제와 영토 문제를 해결하려는 의도를 가진 것은 아닌지에 대한 의구심을 가지고 있다. 더욱이 일본은 한국의 아시아 패러독스에 대한 문제의식은 중국의 부상에 대한 대응보다는 일본의 문제점을 지적한 것이 아닌지에 대한 우려를 가지고 있다. 만일 동북아 평화협력구상에서 역사 문제에 대해 한국과 중국이 함께 협력하여 일본을 압박하는 국제적인 연대를 만들어 간다면 일본은 아시아에서 점차 고립될 수 있다는 위기감이 있기 때문이다.

둘째, 한일관계가 안정화되지 않은 상황에서는 미국이 동북아 평화협력구상에 적극적으로 참가하는 상황을 일본은 우려할 수 있다. 그렇게 되면 동북아에서 일본과 상관없이 미중이 정치적으로 타협하는 상황이 나타나며, 한중이 더욱더 가까워지는 계기가 마련될 가능성이 높기 때문이다. 따라서 일본이 제외된 채 동북아 평화협력구상이 시작되는 것을 원하지 않는다. 아베 정권의 외교 정책을 보더라도 이런 일본의 생각은 명확하다. 아베 정권의 외교 정책은 기존 자민당 정권하에 이루어졌던 중국 견제와 더불어 일본이 국제사회에서 주도적인 역할을 수행하겠다는 의지가 포함되어 있다.

아베 총리는 국제사회에서 적극적인 역할을 하기 위해서는 미일동맹을 강화시키고, 가치관 외교를 통해 중국을 견제하는 것은 당연한 외교적 과제로 생각하고 있다. 여기에 일본 외교의 걸림돌이 되고 있는 북한의 납치자 문제를 해결하고, 당장의 중일관계를 안정화시키는 것이야말로 해결해야 할 과제라고 생각

> 일본은 한국이 동북아 평화협력구상을 통하여 역사 문제와 영토 문제를 해결하려는 의도를 가진 것은 아닌지에 대한 의구심을 가지고 있다. 더욱이 한국의 아시아 패러독스에 대한 문제의식은 중국의 부상에 대한 대응보다는 일본의 문제점을 지적한 것이 아닌지에 대한 우려를 일본은 가지고 있다.

하고 있다. 특히 납치자 문제에 대해서는 아베가 국내적으로 해결해야 할 쟁점으로 생각하고 있으며, 납치자 문제를 통해 성장한 아베로서는 납치자 문제가 국내적인 지지와 연관되어 있다고 생각하고 있다. 독자적인 외교 정책을 취하고 있는 아베 정권이 현 시점에서 동북아 평화협력구상에 협조하여 한국과 동북아 전략을 같이 하려는 생각은 무리가 있다. 오히려 미국을 통하여 한국을 끌어들여 일본 중심적인 외교전략을 적극적으로 추진하고자 할 것이다. 한국과 일본이 미국을 둘러싸고 외교적인 경쟁을 하고 있는 현재 상황에서는 일본이 대중관계에서 밸런스를 갖기 위해서라도 미국을 통하여 동북아 평화협력구상에 적극적인 문제제기를 할 가능성도 배재할 수 없다.

미국은 아시아 재균형 정책을 적극적으로 실시하기 위해서 한일 협력이 필수적이라고 생각하고 있다. 더욱이 미국으로부터 한일관계의 개선에 압박을 받고 있는 일본으로서는 한일관계가 경직된 책임을 한국에게 돌릴 것이고, 이러한 상황에서 일본이 동북아 평화협력구상에 적극적일 수 없다는 것을 미국에게 인식시키려고 할 것이다. 또한 아베 정권은 한일관계가 개선되지 않는 한, 자신의 외교 전략을 미국과 함께 추진하는 것에 중점을 둘 가능성이 높다.

III. 일본 외교에서 동북아 평화협력구상의 긍정적 요인

한일관계가 어렵게 된 이유는 한일관계의 토대가 바뀐 것에서 기인하는 측면이 많다. 지금까지 한국의 대일 정책은 과거사 문제를 전략적인 카드로 사용하면서 일본을 압박할 수 있었으며, 일본 또한 잘못을 인정하는 분위기가 짙었다. 도덕적인 우위의 한국과 이를 용인하는 일본의 타협이 한일관계에서 존재한 것이다. 그러나 현재 일본은 몇 년 전과는 사뭇 달라졌다. 과거사에 대한 용인과 가진 자의 여유는 일본에서 사라져 버렸다. 남아 있는 것은 내셔널리즘nationalism밖에 없다는 소리가 나올 정도로 일본의 분위기가 바뀐 것이다.

그렇다고 한국과 일본의 협력적인 접점이 없는 것은 아니다. 일본의 입장에서는 중국의 부상으로 한국의 전략적인 중요성이 높아졌다. 센카쿠(중국명 댜오위다오) 영토갈등이 진행되면서 일본은 한국을 무시하고는 중국과 대등한 관계를 유지하기가 힘들어졌다. 더욱이 미국이 아시아로 복귀할 만큼 중국이 커지면 커질수록 일본에게 한국의 전략적인 위치는 더욱더 중요해질 수밖에 없다. 또한 국제관계에서도 한국의 위상 강화와 더불어 일본이 한국과 협력하여 윈-윈win-win할 수 있는 부분도 많아졌다.

자유민주주의와 시장경제체제의 가치를 수호하고 이를 추구하는 한국으로서는 공동의 이념과 가치를 추구하는 일본과의 협력관계를 강화해 나아가야 한다. 이렇게 볼 때 일본은 미국과 더불어 경제협력뿐만 아니라 한반도 통일과정과 그 이후에 있어서도 한국의 전략적인 파트너가 될 수 있다. 동북아에서는 일본과의 협력관계를 축으로 하고 한반도와 밀접한 이해관계를 갖는 주변 강대국인 중국과 러시아와 선린 우호 협력관계를 추구하는 것이 21세기 한국이 나아갈 방향일 것이다. 특히 한일 양국은 미국과의 동맹국으로서 동아시아의 안전과 평화를 지키는 '국제공공재'의 역할을 하고 있다. 한미동맹과 미일동맹을 이제는 북한, 동아시아를 넘어 아시아·태평양 지역의 모범국가로서 표준을 만들 수 있을 것이다.

가일층 가속화되는 양국 간 경제적 교류에 힘입어 한일 공동시장의 창설, 마약과 같은 범세계적인 문제에 대한 공동대응 등 한일 양국 간의 협력과 협조를 더욱더 심화시켜 서로의 국익을 증대하는 방향으로 나아갈 수 있다. 이 점에서 한일은 동북아 평화협력구상을 통하여 저작권 보호, 공정거래, 시장경제 등

자유민주주의와 시장경제체제의 가치를 수호하고 이를 추구하는 한국으로서는 공동의 이념과 가치를 추구하는 일본과의 협력관계를 강화해 나아가야 한다. 이렇게 볼 때 일본은 미국과 더불어 경제협력뿐만 아니라 한반도 통일과정과 그 이후에 있어서도 한국의 전략적인 파트너가 될 수 있다.

동아시아 경제시스템 통합을 위한 사업에서 협력을 강화할 수 있을 것이다. 이를 통하여 자유무역협정을 중심으로 아시아로의 외연을 확대하는 방안을 마련함으로써 아시아의 개방과 자유화를 선도하면서 시장의 확대를 모색할 수 있다. 또한 녹색기술에 대해서도 동북아 국가들은 지적 재산권 문제 등의 제도적인 미비, 기술수준의 차이, 상호경쟁 등으로 인해 협력이 지체되어 왔다. 그러나 아시아개발은행ADB: Asian Development Bank 추산으로는 2020년까지 동아시아에는 8조 3,000억 달러의 녹색 인프라 수요가 존재한다고 한다. 예를 들면, 전기자동차의 상업화를 위해 대량생산의 이점을 역내에서 확보하면 한일이 이익을 공유할 수 있을 것이다. 이를 위해 한일은 기술

규격의 통합과 인재 교육의 협력을 추진해야 할 필요가 있다.

또한 동북아 평화협력구상은 민간 차원에서 새로운 시민사회의 형성에도 한일이 협력할 수 있는 부분이다. 현재 한일은 시민사회의 교류를 통하여 동북아의 문제점에 대해서도 서로의 인식을 같이 할 수 있는 부분이 많다. 예를 들어, 고령화 문제, 환경 문제, 핵발전소 문제 등에 관심을 공유하면서 서로가 대처할 수 있는 부분이다. 특히 산성비, 황사, 방사능 등 대기오염물질에 의한 동북아 지역에서의 환경오염 문제는 나날이 심각해지고 있다. 현재 다양한 형태의 환경협력체가 존재하면서 나름대로의 역할을 수행하고 있다. 그러나 아직까지 규제력을 가진 지역차원의 제도화는 이루어지지 못하고 있다.

유럽의 경우를 보면 오염물질 측정과 평가 프로그램EMEP: European Monitoring and Evaluation Program을 통해 과학적인 대기오염자료의 축적과 분석을 할 수 있었다. 이를 바탕으로 대기오염물질의 피해를 객관적으로 확인한 뒤에는 오염물질 감축에 대한 인식이 확산되었다. 이는 시민사회의 끊임없는 문제제기가 곧 국가들의 인식전환과 함께 제도화로 이어졌던 의미있는 사례다.

IV. 한일 협력방안

아베 정권하에서 향후 대일 정책을 어떻게 지향해야 할 것인지에 대한 한국의 고민은 깊어질 수밖에 없다. 특히 매일같이 일본으로부터 망언과 역사퇴행적인 행동이 보도되는 가운데 한국이 대화를 제의하는 것은 어려운 일이지만, 박근혜 대통령이 2013년 8.15 경축사에서 밝혔다시피 동북아 평화와 번영을 바라는 일본 국민들과의 소통은 매우 중요하다.

지난 2013년 8.15 경축사에서의 박 대통령의 제의가 아베 총리의 행동으로 의미가 없어졌다고 생각하면 안 된다. 현재 일본에서는 한일관계 경색의 책임이 한국에 있다고 생각하는 분위기가 존재한다. 이러한 점에서 일본과 함께 동북아 평화와 번영을 만들어가고자 하는 박 대통령의 메시지는 일본 내 한국 이미지의 국면 전환에 도움을 줄 것이다. 지난 8.15 경축사에서는 박 대통령이 협력을 제의했는데 아베 총리가 역사 문제로 뒷다리를 잡았다는 인상을 일본과 국제사회에 남겼을 것이다.

앞으로 박 대통령이 주장하는 신뢰외교 속에서의 대일 정책은 어떤 전략적인 위치를 차지하는지, 그리고 동북아 평화협력구상에서 일본의 역할은 무엇인지에 대한 거시적인 디자인이 필요하다. 이를 위해 한국의 대일외교는 '과거사 문제로 충돌하는 일본'과 '전략적인 협력 상대로서의 일본'이라는 양면성을 적절히 조화시키면서 '균형 외교'를 만들어야 할 것이다.

동북아 평화협력구상은 가능한 분야부터 대화와 협력을 시작해 신뢰를 쌓아가자는 구상이니만큼 정부는 우선적으로 일본과 양자, 다자간 대화의 틀에서 대화의 습관, 신뢰의 구축 형성을 시작해야 한다. 한국이 동북아 평화와 번영을 위해 일본에 대해 전략적인 인내를 하고 있다는 것을 국제사회가 인정할 때 동북아 평화협력구상은 정착될 수 있을 것이다. 이를 위해서는 동아시아 국제질서 변화라는 틀 속에서 일본을 바라보는 균형감각이 필요하다. 일본이 집단적인 자위권 해석을 변경하고 헌법 개헌을 시도한다고 해서 일본을 무조건 우경화된 국가로 치부할 필요는 없다. '일본의 안보에 대한 조바심'은 중국과 북한을 의식한 측면이 많다. 이런 부분을 생각하면 동북아의 불안을 줄이는 박근혜 정부의 동북아 평화협력구상을 구체화하여 일본을 동아시아 화해와 번영의 틀 속에서 묶어내는 대일외교가 되어야 한다.

둘째, 동북아 평화협력구상이 성공적으로 시작하기 위해서는 한일 양국은 서로가 윈-윈win-win하는 상황을 만들 필요가 있다. 일본은 한국이 가지고 있는 아베 총리에 대한 우려를 불식시킬 필요가 있다. 아베 총리는 '침략' 발언으로 국제사회에서 뭇매를 맞으면서 그 후 마지못해 무라야마 담화의 계승을 말하고 있다. 그렇지만 아베 스스

> 우선 과거사 문제에 대해 끊임없는 교섭을 하면서도 민간교류를 활성화
> 하여 한일 경제생활권을 확대시키는 기능적인 접근이 동시에 진행되어
> 야 한다. 특히 청소년의 교류를 활성화시키고, 한일 간 장벽을 허무는
> 일을 차근차근 진행시켜야 할 것이다. 이를 통하여 점차 동북아 평화협
> 력구상 역시 정착될 것이며, 한일 간의 경제협력 및 안보협력도 구체화
> 할 수 있는 기반이 만들어질 것이다.

로가 무라야마 담화에서 인정한 침략을 확정한 적은 없다. 따라서 아
베는 일본이 침략하였다는 사실을 명백히 인정함으로써 더 이상 역
사 인식에서 후퇴하지 않는다는 점을 보여주어야 한다. 또한 한국도
박근혜 대통령이 말한 '아시아 패러독스'를 해결하려는 대승적인 자
세가 필요하다. 일본이 한국에 가지고 있는 '친중 편향', '일본 무시'의
이미지를 없애기 위해서도 한국은 한일이 '전략적인 동반자'라는 것
을 재확인해 줄 필요가 있다.

셋째, 당장의 성과에 연연해하지 말고 박근혜 정부의 5년을 생각하
는 단계적이고 기능적인 접근이 필요하다. 한국의 여론을 감안하면
과거사 문제(특히 위안부 문제)로 일본을 밀어붙여야 하지만, 현재 상
황으로는 오히려 역풍을 불러일으킬 가능성이 높다. 우선 과거사 문
제에 대해 끊임없는 교섭을 하면서도 민간교류를 활성화하여 한일
경제생활권을 확대시키는 기능적인 접근이 동시에 진행되어야 한다.

특히 청소년의 교류를 활성화시키고, 한일 간 장벽을 허무는 일을 차근차근 진행시켜야 할 것이다. 이를 통하여 점차 동북아 평화협력구상 역시 정착될 것이며, 한일 간의 경제협력 및 안보협력도 구체화할 수 있는 기반이 만들어질 것이다.

제7장

동북아 평화협력구상에 대한 중국의 입장 및 협력방안

동북아 평화협력구상이 성공적으로 시작되고 원만하게 추진되기 위해서는 동북아 주요 강대국의 참여가 필수적이며, 그중에서도 특히 중국의 참여가 중요하다. 아시아의 핵심적 강대국으로 부상하고 있는 중국은 다자간 협력 및 협의체 구성에 상당히 적극적이며, 동북아 지역의 협력, 안보, 번영에 직·간접적으로 기여하고 있다. 따라서 동북아에서 나타나고 있는 아시아 패러독스를 극복하고 상호간의 협력을 습관화하여 장기적인 차원에서 동북아의 갈등해소를 도모하는 취지로 제시되고 있는 박근혜 정부의 동북아 평화협력구상에 긍정적인 태도를 보이고 있다.

박근혜 대통령은 취임 이후 중국을 국빈예방하였으며, 정상회담에서 시진핑 주석으로부터 동북아 평화협력구상에 대한 긍정적인 평가를 받아낸 바 있다. 따라서 2013년 대통령의 방중을 통한 중국의 협조확보는 동북아 평화협력구상의 성공에 상당히 중요한 바탕을 마련했다고 볼 수 있다. 그럼에도 불구하고 중국의 참여를 최종적으로 확보하기 위해서는 실무적 차원에서 구체적인 조건들을 검토해 보아야 한다.

I. 동북아 평화협력구상에 대한 중국의 태도

동북아 평화협력구상에 대한 중국의 태도는 상당히 긍정적이다. 2013년 박 대통령의 방중 및 정상회담 이후 발표된 "한·중 미래비전 공동성명" 원문에 나온 바에 따르면 중국은 동북아 평화협력구상에 대하여 원칙적인 지지를 나타내고 있다.

"양측은 아시아 지역이 경제발전과 상호의존의 확대에도 불구하고 정치·안보 협력은 이에 미치지 못하는 역설적인 현상에 직면하고 있고, 특히 최근에는 역사 및 그로 인한 문제로 역내 국가 간 대립과 불신이 심화되는 불안정한 상황이 지속되고 있는데 대해 우려를 표명하고, 역내 신뢰와 협력의 구축이라는 공통의 목표를 달성하기 위해 노력하기로 합의하였다. 이러한 맥락에서 중국 측은 박근혜 대통령이 제시한 '동북아 평화협력구상'에 대해 적극적으로 평가하고 원칙적으로 지지한다는 입장을 표명하였다."

'공동성명'을 자세히 검토해 보면, 중국은 동북아 평화협력구상의 전반적인 취지와 발전방향에 대하여 원론적인 지지를 표명하고 있으며, 향후 동북아 평화협력구상이 실질적으로 추진될 경우에도 협력적인 태도를 보일 전망이다. 이는 동북아 평화협력구상이 중국 시진핑 지도부의 향후 대외 정책 방향과 상충하지 않는다는 판단에서 비롯된 듯하다. 시진핑 정부는 '신형대국관계'를 통해 대국과의 관계개선뿐만 아니라 중국 주변국들과의 관계개선도 적극적으로 추진하고 있다. 특히 지리적으로 가장 인접한 국가인 한국과의 관계발전에 정책적 우선순위를 두고 있으며, 한국과의 관계개선을 시작으로 주변국과의 관계개선을 추진하고 있는 듯하다. 중국이 동북아 평화협력구상에 대해서 긍정적인 이유는 다음 몇 가지로 요약해 볼 수 있다.

첫째, 중국 측의 입장에서 볼 때, 동북아 평화협력구상에서 제기하고 있는 아시아 패러독스는 상당히 동의할 만한 상황이라고 볼 수 있다. 특히 아시아 경제발전의 견인차 역할을 해왔던 중국의 입장에서 볼 때, 자국의 경제적 영향력을 이용하여 지역 내 정치·안보 협력을 도모한다는 점과 역내에서 일어나고 있는 다양한 대립과 불신을 다자간 협력에 의한 메커니즘으로 해결해 보려 한다는 점에 대해서는 상당히 긍정적인 태도를 보이고 있다.

둘째, '신뢰'라는 다소 비정치적 개념을 이용한 아시아 패러독스의 해결이라는 접근법에 대해서도 호기심 어린 반응을 보이고 있다. 국제정치에서 힘에 의한 분쟁의 해결이 한계가 있다는 것은 이미 알려진 사실이다. 따라서 신뢰의 축적을 통한 아시아 패러독스의 극복이라는 박 대통령의 접근법은 중국의 입장에서는 성공가능성을 떠나서 상당히 신선하고 시도해볼 만한 가치가 있는 정책이라고 보는 듯하다.

셋째, 협력의 경험을 축적한다는 점도 중국의 관심을 끄는 부분이다. 동북아에서는 전통적으로 다자안보협력의 경험이 없었기 때문에 동북아 평화협력구상을 통하여 협력의 경험을 축적한다는 것은 상당한 설득력을 지닌다. 특히 동북아 평화협력구상에서는 역내 각국으로부터 좀 더 적극적인 협력의 의지를 이끌어내기 위하여 경성안보 이슈보다는 연성안보 이슈에 집중하는 경향을 보이고 있으며, 이는 중국으로부터 상당히 긍정적인 반응을 이끌어낼 수 있는 요소라고 볼 수 있다. 지금까지의 경험으로 볼 때, 군비통제나 군축 및 안보관련 이슈 등 전통적 안보 이슈들을 다루어왔던 경성안보보다는 환경, 기후, 재난, 에너지, 사이버 테러, 초국가 범죄, 핵 안보 등과 같은 연성안보 이슈들을 다룰 때에 국가 간의 협력을 이끌어낼 가능성이 높았으며, 중국의 입장도 이와 별다른 차이가 없다.

넷째, 동북아에서 나타나고 있는 최근의 상황도 동북아 평화협력 구상에 대한 중국의 협력을 확보하는 데 긍정적인 역할을 하고 있다. 최근 중국과 일본의 갈등은 보다 구조적·장기적인 양상으로 발전되고 있으며, 영토분쟁에서 시작된 중·일 갈등은 점차 서로에 대한 감정적 대립으로 치닫고 있다. 중국과 일본의 갈등이 심화됨에 따라 중국에서는 한국과의 협력이 중요한 외교적 자산으로 간주되고 있으며, 이러한 측면에서 볼 때 중국은 한국 정부가 추진하고 있는 동북아 평화협력구상을 적극적으로 지지함으로써 한국과 협력의 틀을 확보하고, 한반도 및 동북아 지역의 평화와 안정을 유지·발전시키는 데 공헌했다는 이미지 제고도 고려하고 있는 듯하다.

II. 중국이 우려하는 요소

중국은 동북아 평화협력구상에 대하여 원칙적인 지지를 천명했음에도 불구하고 그 구체적인 내용과 추진전략이 본격화되는 경우, 몇 가지 사항에서 우려를 표명할 가능성이 높다.

첫째, 가장 대표적인 우려사항은 6자회담과의 중복 문제이다. 중국은 북한 핵 문제 해결을 위한 6자회담의 부활에 외교적 역량을 집중하고 있으며, 6자회담이 북한 핵 문제 처리에 있어서 유일한 수단이라고 강조하고 있다. 물론 동북아 평화협력구상은 구체적인 갈등이슈를 해결하는 것을 목표로 하거나 쌍무간 문제에 대한 해결창구 역할을 시도하지 않는다는 점에서 6자회담과 분명한 차별성을 보이고 있으며, 더구나 북핵 문제의 해결창구인 6자회담이나 아·태 지역 유일의 트랙 ITrack-I 안보협의체인 아세안지역포럼을 대체하려는 모습도 보이지 않고 있다.

그러나 중국은 장기적인 차원에서 6자회담을 동북아 전반의 안보 문제를 처리하는 안보협력체 또는 다자간 안보체제로 전환하는 것을 고려하고 있으며, 그런 측면에서 동북아 평화협력구상이 혹시나 6자회담과 경쟁하는 것 아닌가 하는 의구심을 가지고 있다. 물론 동북아 평화협력구상을 일반적인 안보협의체 또는 안보포럼으로 인식한다면 그러한 의구심은 당연하다고 볼 수 있다. 그러나 동북아 평화협력구상의 기본목표는 일반적 안보협의체와 같이 구체적인 갈등이슈를 해결하는데 있는 것이 아니라, 그런 안보협의체 역할의 전 단계로서 협력을 습관화하고 신뢰를 축적하는 데 있다. 즉 동북아에서 안보협력체가 성공하기 위해서는 우선 각국 간에 협력하려는 의지를 배양하고 협력을 지속하는 과정에서 신뢰를 만들

가장 대표적인 우려사항은 6자회담과의 중복 문제이다. 중국은 장기적인 차원에서 6자회담을 동북아 전반의 안보 문제를 처리하는 안보협력체 또는 다자간 안보체제로 전환하는 것을 고려하고 있으며, 그런 측면에서 동북아 평화협력구상이 혹시나 6자회담과 경쟁하는 것 아닌가 하는 의구심을 가지고 있다.

어갈 필요가 있다는 것이다. 따라서 동북아 평화협력구상이 제시하고 있는 발전방향은 6자회담의 장기적 발전방향과 갈등하거나 충돌하기보다는 오히려 상호보완적인 관계로 발전할 가능성이 높다.

둘째, 6자회담과 관련하여 중국이 우려하는 또 하나의 이슈는 중국의 리더십이라고 볼 수 있다. 중국은 동아시아 지역에서 자국이 다자협의체를 이끌어 나간다는 리더십 이미지를 중요하게 생각하고 있으며, 그런 의미에서 6자회담에 상당한 전략적 가치를 부여하고 있다. 즉 동아시아의 핵심적 강대국으로서 중국은 지역안보에 중추적인 기여를 하고자 노력하고 있으며, 그런 측면에서 6자회담을 통한 북한 핵 문제 해결에 주도적인 역할을 하고 있다. 따라서 중국의 입장에서

타국(他國)이 주도하는 다자협의체를 특별히 환영할 이유는 없다고 보여지며, 특히 한국의 주도가 성공할 것인가에 대해서도 상당한 의구심이 있다고 볼 수 있다. 그러나 한·중·일 3국 정상회담에서 보듯이 전통적인 동북아 상황을 검토해 볼 때, 동북아의 강대국들 사이의 경쟁과 상호불신으로 오히려 한국 주도의 다자간 협력체가 상당한 성공가능성을 가지고 있다고 볼 수 있다. 게다가 동북아 평화협력구상은 한국의 단독주도보다는 참여국들의 공동추진 형태를 추구하면서 한국은 중간자facilitator or mediator적 역할만을 담당하는 것을 계획하고 있기 때문에 리더십과 관련된 중국과의 갈등은 커다란 장애요인이 되지 못한다고 볼 수 있다.

셋째, 동북아 평화협력구상과 관련하여 중국이 제기할 수 있는 또 하나의 우려는 동북아 평화협력구상 내에서 한·미동맹의 역할이다. 중국은 미국의 현 단계 아시아 정책의 핵심은 중국을 봉쇄하는 데 있다고 인식하고 있으며, 그 주요 방안으로 미·일동맹 및 한·미동맹을 강화하고 있다고 보고 있다. 따라서 미국의 동맹국 중의 하나인 한국이 주도하는 동북아 평화협력구상이 혹시나 미국의 대중국봉쇄 정책과 연관되어 진행되는 것은 아닌지에 관심을 집중하고 있다. 그러나 동북아 평화협력구상의 기본 취지는 특정국가의 대외 정책이나 안보 관련 아젠다를 추진하기보다는 보다 거시적인 시각에서 동북아 전반의 안보협력 기반을 구축하는 데 있다고 볼 수 있다. 물론 한국이 미국의 동맹국이긴 하지만, 한국이 추진하는 동북아 평화협력구상에 미국의 아젠다를 접목시킨다는 것은 현실성이 낮은 발상이라고 볼 수 있으며, 미국의 참여뿐만 아니라 중국의 참여도 확보해야 하는 한국의 입장에서는 동북아 평화협력구상의 성공을 위해서 참여국 모두에게 좀 더 거시적인 접근을 시도해야 한다.

마지막으로 중국은 인권 문제의 제기를 우려할 수 있다. 물론 동북아 평화협력구상과 관련하여 중국 인권 문제의 제기 가능성이 높은 것은 아니지만, 동북아 평화협력구상이 유럽의 '헬싱키 프로세스'를 모델로 구성되어졌다고 알려져 있고, 헬싱키 프로세스에서 인권 문제가 하나의 주요 의제였다는 점에서 우려를 제기할 가능성이 있다. 박근혜 대통령의 공약에도 이러한 내용은 제시되고 있다.

> "동아시아의 지속가능한 평화와 발전을 위해 우선 '동북아 평화·협력 구상'을 추진하겠습니다. 동북아의 평화와 안정에 이해를 공유하는 모든 이해관계국들과 함께 신뢰구축과 협력안보, 경제·사회협력, 인간안보를 추구할 것입니다. 이는 유럽의 '헬싱키 프로세스'에 해당하는 '서울 프로세스'의 출발점이 될 것입니다."

그러나 공약에서 제기하고 있는 인간안보가 인권 문제와 직결되는 것도 아니고 동북아 평화협력구상의 주요목표가 협력의 습관을 배양하고 신뢰문화를 형성하는 것이라는 점을 고려해 보았을 때, 동북아 평화협력구상이 중국의 인권 문제를 압박할 가능성은 거의 없다고 볼 수 있다.

III. 중국 외교에서 동북아 평화협력구상의
    긍정적 요인

　　　　　　　동북아 평화협력구상에 중국이 참여할 경우 중국은
다양한 외교·안보적 이익을 향유할 수 있다. 첫째로, 중국은 동북아
평화협력구상에 참여함으로써 한반도의 평화와 동북아의 평화 모두
에 기여할 수 있는 장점을 추구할 수 있다. 박근혜 정부는 한반도의
평화가 곧 동북아의 평화이고 한반도의 평화를 이룩하기 위해서는
역내 국가들의 협력이 필요하다는 점을 강조하고 있다. 특히 박근혜
정부는 한반도의 평화 및 동북아의 평화를 구축하는 데 있어서 중국
의 도움이 핵심적인 요소이며, 따라서 동북아 평화협력구상이 성공하
기 위해서는 중국의 협력이 필수적이라는 점을 명확하게 제시하고
있다. 이러한 점을 고려해 볼 때, 중국은 동북아 평화협력구상에 참
여함으로써 우선 박근혜 정부와의 협력적 관계를 구축할 수 있다는
장점과 함께 한반도의 평화 및 동북아 평화에 적극적·실질적으로 기
여하는 기회를 확보할 수 있다는 장점을 가지고 있다.

　둘째로, 북한 문제의 원만한 해결을 들 수 있다. 동북아 평화협력
구상에서는 북한을 참여국으로 동참시켜 국제사회의 일원으로 거듭
나도록 유도하는 것을 목표로 하고 있다. 특히 동북아 평화협력구상

> 최근 중국도 북한에 변화가 필요하다는 점에 동의하고 있으며, 특히 북
> 한이 개혁·개방의 방향으로 변화해야만 한다는 점에 적극 동조하고 있
> 다. 북한의 입장에서도 비전통적 안보이슈 해결을 위한 다자간 협력에
> 긍정적으로 반응한다고 해서 자국의 국가안보에 커다란 위협이 된다고
> 생각하지 않을 것이다. 따라서 중국의 입장에서는 북한을 바람직한 방
> 향으로 유도해 가려고 시도하는 동북아 평화협력구상에 긍정적인 태도
> 를 보일 수 있다.

에서는 북한의 실질적인 변화에 초점을 맞추고 있으나, 북핵 문제 해
결에 직접적인 목표를 두고 있지도 않고 또한 북한 비핵화가 동북아
평화협력구상의 전제조건도 아니다. 중국의 입장에서는 동북아 평화
협력구상이 제시하고 있는 이러한 조건들이 중국의 대북 정책에 부
담이 되지 않는다는 점에 주목할 것으로 보여진다. 최근 중국도 북한
에 변화가 필요하다는 점에 동의하고 있으며, 특히 북한이 개혁·개
방의 방향으로 변화해야만 한다는 점에 적극 동조하고 있다. 북한의
입장에서도 비전통적 안보이슈 해결을 위한 다자간 협력에 긍정적으
로 반응한다고 해서 자국의 국가안보에 커다란 위협이 된다고 생각
하지 않을 것이다. 따라서 중국의 입장에서는 북한을 바람직한 방향
으로 유도해 가려고 시도하는 동북아 평화협력구상에 긍정적인 태도
를 보일 수 있다.

셋째로, 점진적인 진화gradual evolution를 들 수 있다. 동북아 평화협력구상은 '서울 프로세스'라는 이름에서 알 수 있듯이, 역내의 다양한 현안에 대한 다자간 협력을 발전시켜 나가는 하나의 과정이다. 이는 처음부터 야심찬 목표를 설정하고 이를 달성하기 위해 과속하거나 무리수를 두지 않겠다는 것을 의미한다고 볼 수 있다. 따라서 서울 프로세스의 초기 목표는 프로세스 작동 자체에 주안점을 두고 있으며, 이후 시간을 두고 지속적으로 발전시켜 가면서 점진적으로 협력의 폭과 심도를 넓혀나가는 과정을 밟게 될 것이다. 이런 측면에서 볼 때, 동북아 평화협력구상의 핵심적인 요소는 참가국들이 정치적 부담을 느껴 탈퇴를 고려할 정도로 빠른 속도의 프로세스는 자제하고, 동북아의 안보협력이라는 커다란 명제에 합의하여 상호 협력에 동의하고 상호신뢰를 쌓아나가는 게 중요하다는 점에 찬성하는 수준에서 시작한다는 것이라고 볼 수 있다. 따라서 중국의 입장에서는 동북아 평화협력구상의 가입 및 활동이 중국의 안보에 별다른 부담이 되지 않는다고 볼 수 있다.

마지막으로, 느슨한 제도화를 들 수 있다. 동아시아 지역에서 그동안 다자간 협력이 미진했던 이유 중의 하나가 제도화에 대한 부담이었다고 볼 수 있다. 동아시아 국가들은 유럽과는 달리 다양한 정치체제와 서로 다른 경제발전 단계에 놓여 있으며, 과거 식민지 경험을 한 국가들이 많아 제도화에 대한 부담을 많이 느끼고 있다. 특히 유럽에 비하여 개별국가들의 주권sovereignty의식이 강하여 다자간 안보협력을 통한 자국의 안보강화에 미온적인 태도로 일관해 왔다. 따라서 동북아 평화협력구상에서 목표로서 추구하는 형태는 국제기구에 버금가는 공식적인 제도를 만들거나 안보대화식의 기구를 창설하려는 것이 아니라 단순히 참가국들의 뜻을 모으고 공통의 이해를 토대로 가능한 분야의 협력을 추진하는 '뜻 맞는 나라들의 협의체conference of willing' 형태라고 할 수 있다.

물론 장기적인 측면에서 볼 때, 서울 프로세스가 가칭 '동북아 평화협력 정상회의Northeast Peace and Cooperation Summit'나 '동북아 평화협력기구Northeast Peace and Cooperation Organization'와 같은 보다 공식적인 기구로 발전할 가능성도 배제하고 있지는 않다고 하겠다. 하지만 그나마 이 과정도 점진적인 형태로 진행될 가능성이 높기 때문에 일정 수준의 제도화를 달성하는 데는 상당한 시일이 걸릴 가능성이 높다.

따라서 중국의 입장에서는 일단 동북아 평화협력구상에 협력적으로 가입하여 활동을 진행하는 것이 중국의 국가이익에 별다른 부담이 되지 않을 뿐만 아니라 오히려 동북아 지역에서 중국의 이미지 제고와 한·중관계 발전에 긍정적인 역할도 할 수 있을 것이다.

동북아 평화협력구상이 성공적으로 시작되고 진행되기 위해서는 참여국들의 협조가 필수적이며, 그중에서도 중국의 협력이 핵심적이라고 볼 수 있다. 한국의 입장에서는 동북아 평화협력구상을 제기하면서 동북아 지역의 강대국이며 지역안보 이슈에 중추적인 영향력을 가지고 있는 중국과 협력적인 관계를 유지하도록 노력할 것이다.

물론 아시아 패러독스라는 단어가 의미하듯이 동북아 지역에서는 다양한 국가 간의 다양한 갈등이 지속되고 있으며, 때로는 그 갈등이 구조적인 면에서 비롯되기 때문에 해결이 쉽지 않은 경우도 있다. 이러한 동북아의 갈등구조 속에서 악화되고 있는 국가 간의 불신, 외교적 대립, 또는 군사적 대치를 좀 더 효과적으로 처리하고 장기적인 측면에서 평화의 구도를 역내 뿌리내리기 위해서 동북아 평화협력구상이 제기되고 있다. 따라서 중국의 입장에서도 동북아 평화협력구상에 좀 더 적극적으로 협력하는 것이 중국의 국가이익에 도움이 된다고 할 수 있다.

동북아 평화협력구상은 특정한 이슈나 특정국가의 일을 다자적으로 처리하자는 것이 아니다. 동북아 지역에서 만연하고 있는 상호갈등 및 불신구조를 좀 더 근본적으로 치유하기 위한 기본적 소통구조를 확립하자는 것이다. 따라서 모든 참여국들이 동북아 평화협력구

동북아 평화협력구상이 성공적으로 시작되고 진행되기 위해서는 참여국들의 협조가 필수적이며, 그중에서도 중국의 협력이 핵심적이라고 볼 수 있다. 한국의 입장에서는 동북아 평화협력구상을 제기하면서 동북아 지역의 강대국이며 지역안보 이슈에 중추적인 영향력을 가지고 있는 중국과 협력적인 관계를 유지하도록 노력할 것이다.

상의 기본취지와 추진방향 등을 이해하고 협력적으로 참여할 때, 비로소 동북아의 평화와 신뢰를 위한 첫 발을 내디딜 수 있을 것이다.

중국의 입장에서도 동북아 평화협력구상은 장점과 부담을 동시에 가지고 있다. 물론 동북아 평화협력구상이 아직은 초기 단계에 있어 앞으로의 발전방향을 검토해 봐야 하겠지만, 중국도 동북아 평화협력구상에 적극 참여·활동하는 것이 중국의 향후 외교적 위상과 이미지 제고에 긍정적이라고 할 수 있다. 중국의 동북아 평화협력구상 참여를 기대해 본다.

제8장

동북아 평화협력구상에 대한
러시아의 입장 및 협력방안

Ⅰ. 동북아 평화협력구상에 대한 러시아의 태도

지난 2012년 5월 러시아는 대통령선거에서 푸틴을 대통령으로 다시 선택하였다. 정권이 재출발하였음에도 불구하고 러시아 연방 외교 정책 개념Foreign Policy Concept of Russian Federation에 기초한 푸틴 정부의 외교 정책 기본노선의 변화는 없는 것으로 평가되고 있다. 이와 함께 러시아의 국방과 안보 기조도 '러시아연방 국가안보개념', '군사독트린' 등에 기초하고 있지만 대외환경의 변화를 반영한 우선순위 등의 조정이 있었을 뿐 기본적인 노선의 변화는 없는 것으로 평가된다.

러시아의 외교 정책의 기본방향은 다음과 같이 몇 가지로 정리될 수 있다. 첫째, '유라시아 지역의 독자적 강대국'으로 유라시아 지역의 안정자의 역할과 안보위협에 대한 신속한 대응을 골자로 하고 있다. 둘째, 다자주의를 추구함과 동시에 국익·안보 우선의 실용주의 외교노선을 지향한다. 셋째, 국방력 강화와 경제현대화, 소프트파워 강화 등이 대외관계에서 추구될 것으로 예상된다. 러시아는 유라시아국가라는 지리적 특성을 외교 정책의 근간에 반영한 결과 '유라시아 지역의 독자적 강대국'이라는 기조를 수립하고 대내외 환경변화에 대응하여 우선순위와 강조점 등을 변화시켜 대외 정책에 반영하여 왔다.

러시아의 대외 정책의 기조에 근간하여 살펴볼 때, 러시아는 자국의 국가이익에 중요한 두 개의 지역을 유럽과 아·태 지역으로 구분하여 인식하고 있다. 러시아 국내지역의 구분은 러시아와 시베리아, 혹은 러시아와 극동으로 구분하여 개념화한 지역적 구분이 일반적인 것으로 받아들여지고 있다. 이러한 지역적 구분을 적용하여 볼 때, 러시아는 최근 아·태 지역과 동시베리아·극동 지역을 중시하는 경향을 보이고 있다. 이러한 우선순위와 강조점의 변화는 유럽지역을 겨냥한 전통적 대외 정책으로부터의 전환을 의미하는 것이 아니라 미·중 체제 혹은 미국의 대아시아 전략에 대응하여 러시아의 대외 정책의 우선순위가 변화했다는 분석이 있다.

이러한 대외 정책의 우선순위와 강조점에서의 변화에 근거하여 최근 푸틴의 재집권 이후 러시아는 아·태 지역 국가들과 에너지, 사회간접자본, 투자 등의 분야에서 공동사업 추진의사를 표명하고 동시베리아와 극동의 사회·경제 발전을 위한 아·태 지역 통합참여 및 아·태 지역 다자안보협력에서의 주도적 역할을 표방하고 있다. 러시아의 아·태 지역 혹은 동시베리아 극동 지역이라는 지역구분 인식과 이를 반영한 대외 정책에서 동북아 지역은 러시아의 입장에서 어떻게 인식되고 있는가는 중요한 문제이다. 또한 동 지역에서 에너지, 사회간접자본, 투자 등의 분야에서 공동사업 추진은 러시아의 제안 Russia's calling과 이에 대한 대응이 있어야 한다는 인식이 러시아 내에 존재하고 있는 것으로 보인다.

이러한 인식이 반영되어 러시아는 동북아 지역에 대한 협력의 지속적 확대와 전략적 이익 증대 정책을 추진할 것으로 전망된다. 또한 러시아의 대브릭스BRICs: Brazil, Russia, India, and China 정책은 일방주의적 국제질서의 견제와 다극화된 국제질서 구축을 위한 러시아의 정치·외교적 전략과 일치하고 있는 것으로 평가된다. 이러한 평가는 러시아

> 푸틴의 재집권 이후 러시아는 아·태 지역 국가들과 에너지, 사회간접자본, 투자 등의 분야에서 공동사업 추진의사를 표명하고 동시베리아와 극동의 사회·경제 발전을 위한 아·태 지역 통합참여 및 아·태 지역 다자안보협력에서의 주도적 역할을 표방하고 있다.

가 2010~2011년 동아시아정상회의EAS: East Asia Summit, 아시아유럽
정상회의ASEM: Asia-Europe Meeting에의 가입, 2009년 브릭스 정상회
의를 회의체화하는 데 주도적인 역할 노력 등에 근거 하고 있다.

또한 중국과의 관계에 있어서 러시아는, 중국의 부상은 러시아에
게 위협이기보다는 도전과 기회를 제공하고 있다고 보고 있다. 중국
은 러시아의 핵심 협력국가이자 전략적 이익이 걸려 있는 국가로 인
식되며, 향후 러시아는 중국과의 '전략적 협력동반자' 관계를 심화 발
전시켜 나갈 것으로 전망된다. 이러한 러시아의 대중 협력인식 결과
로서 현재 러·중 간 민간교류의 확대를 통해 양국 간 350만 명(2012
년 기준) 수준의 민간교류를 더욱 확대시킬 것이다. 또한 2011년 말
기준 양국 교역 규모가 850억 달러 수준에 이르고 있는 러·중 경제
통상관계를 보다 발전시킬 것으로 전망된다. 이는 한·러 교역수준이
212억 달러 수준인 것과 비교된다. 이 밖에 에너지 분야에서 천연가
스를 비롯한 원유와 석탄 등의 분야에서 대중국 에너지자원 협력이
활성화될 것으로 예상된다. 또한 유엔헌장의 가이드라인과 원칙을
내세우며 러·중은 군사안보협력을 강화하고 있는 모습도 보이고 있
다. 따라서 실용주의 경제협력, 군사·안보협력, 민간교류 등의 협력
을 강화하면서 러·중 양국은 '전략적동반자 관계'를 더욱 공고히 할
것이다.

러시아와 일본의 관계는 지난 대선과정에서 발표된 푸틴의 기고문
에서 일본에 대한 언급이 거의 없었다는 사실로 미루어 추측해 볼

> 러시아는 동북아 평화협력구상에 대하여 긍정적이지만 중립적 태도를
> 취할 것으로 전망되며, 미·중 체제하의 동북아 구도에서 차지하는 러시
> 아의 위상을 강화하는 기재로 동북아 평화협력구상을 활용하는 태도를
> 취할 것이다.

수 있다. 이것이 러시아의 일본에 대한 인식이나 대외 정책에서의 비중이 축소된 것을 반영하고 있다고 해석될 수도 있지만, 러시아는 일본과의 '창조적 동반자관계'를 발전시켜 가고 있다고 평가된다. 러·일 경제협력의 강화로 양국 간 교역 규모가 2011년 기준 350억 달러 수준으로 확대되었고 러시아의 경제현대화와 동시베리아 극동 지역의 자원개발에 있어 양국의 협력이 확대되어 교역 및 투자 규모가 증가하고 있다. 또한, 후쿠시마 원전사태를 계기로 러시아는 적극적인 대일 에너지협력과 에너지분야의 일본투자유치 활성화를 위해 노력하는 모습을 보이고 있다. 하지만 기본적으로 러·일관계는 북방 4개 섬 문제의 해법도출 및 해결에 달려 있다고 평가되고 있다.

따라서 러시아는 동북아 평화협력구상에 대하여 긍정적이지만 중립적 태도를 취할 것으로 전망되며, 미·중 체제하의 동북아 구도에서 차지하는 러시아의 위상을 강화하는 기재로 동북아 평화협력구상을 활용하는 태도를 취할 것이다.

II. 러시아가 우려하는 요소

러시아는 한러 수교 이후 북핵 문제를 비롯한 한반도 문제에 대한 적극적인 관심과 참여의 모습을 보여 왔다. 2000년대 초반 푸틴의 집권 1기 시절 일방적인 친한국 정책이 러시아의 대한반도 영향력을 약화시킨다는 인식이 확산되자 친한국 정책을 폐기하였다. 그리하여 2000년 2월 북·러 신조약을 체결하고 같은 해 8월 푸틴 대통령은 구소련과 러시아의 정상 중 최초로 평양을 방문하여 북·러 정상회담을 하였다.

이를 계기로 러시아는 남북한과의 균형적이고 건설적인 관계유지라는 기조를 수립하여 유지해 오고 있다. 또한 이러한 기조에 근거하여 2000년 한·러 정상회담을 계기로 남북러 철도연결(TSR-TKR 연결사업)을 제안하고 남·북·러 3각 협력사업을 가스와 전력연결 사업 등으로 확대하였다. 러시아는 제2차 북한 핵 문제 해결과정에서 중재 노력을 강화하는 모습을 보이는 등 서울과 평양 간의 대화를 증진시키기 위해 지속적으로 노력해 왔다고 자평하고 있다. 이러한 노력은 이후 러시아에서 3차례의 북한 정상과의 정상회담 개최로 나타났고, 지난 2011년 8월 울란우데에서 개최된 북·러 정상회담에서 남·북·러 가스관연결 합의라는 결과를 도출하기도 하였다.

러시아는 동북아 평화협력구상이 한·미·중 구도하에서 공고해지는 것
을 우려하고 있다. 동북아 평화협력구상이 공고해질 경우 동북아에서
러북관계만이 이 지역 문제에 개입하는 유일한 고리가 될 것이고, 영토
문제를 비롯한 갈등관계를 바탕으로 한 러일관계의 개선이 쉽지 않은
상황에서 중국과의 협력을 통해 자국의 국익확보전략을 구사해야 하는
부담이 있기 때문이다.

하지만 북핵 문제와 관련하여 러시아는 기본적으로 북한의 핵보유
지위를 불용하고 북핵 문제를 정치·외교적 수단을 통해 해결해야 한
다는 입장을 유지하고 있다. 최근 푸틴 대통령은 북한의 신지도부와
대화를 지속하면서 관계발전을 추구할 것이라고 언급하면서 북한 신
지도부를 자극할 경우 위험한 대응을 초래할 가능성이 있다며 각별
히 신중한 대북 정책이 필요함을 지적하였다. 이러한 인식은 한반도
내 상호신뢰 분위기 조성 및 남북대화의 재개 필요성을 강조하는 것
으로 나타나고 있다. 이와 함께 러시아는 지속적으로 남북러 3각협력
의 경제적 중요성과 지속가능성을 강조하고 있다.

하지만 러시아는 동북아 평화협력구상이 한·미·중 구도하에서 공
고해지는 것을 우려하고 있다. 동북아 평화협력구상이 공고해질 경
우 동북아에서 러북관계만이 이 지역 문제에 개입하는 유일한 고리
가 될 것이고, 영토 문제를 비롯한 갈등관계를 바탕으로 한 러일관계

의 개선이 쉽지 않은 상황에서 중국과의 협력을 통해 자국의 국익확보전략을 구사해야 하는 부담이 있기 때문이다.

또한 동북아 국가와의 협력에서 러시아적 특수성이란 문제가 존재한다. 그것은 러시아가 가지는 유라시아 국가라는 지역적 특수성 혹은 이중성이라고 볼 수 있다. 즉, '러시아는 동북아 국가인가'라는 물음에 '그렇다'라고 말하기는 쉽지 않다. 러시아는 유럽에서 극동에 이르는 영토적·지리적 특징을 가진 유라시아 국가이기 때문이다. 이러한 특성으로 인해 러시아의 중앙 혹은 국가적 의사결정과정에서 스스로 러시아를 규정할 때 전통적으로 유럽국가라는 인식을 가져왔다. 이러한 인식과 러시아의 지역적 이중성이 제공하는 유라시아적 특성으로 인해 동북아 지역에서의 협력에 제한성을 가지고 있기도 하다. 이에 따라서 러시아가 동북아 국가라는 혹은 동북아 지역의 일원이라는 인식을 미약하게 하는 기재로 작용하고 있다.

이와 함께 러시아는 동북아 지역에서 다자협력이 적극적으로 이루어질 경우, 러시아가 가지고 있는 기존의 중요한 협력의 틀인 남·북·러 3각협력이라는 협력구도가 동북아 평화협력구상과 상충trade-off 관계를 가질 것이라는 우려의 가능성도 존재한다. 이러한 맥락에서 러시아가 동북아 지역과의 협력에서 지속적으로 추구해온 실질협력 의제를 도출하는 데 있어서 남북러 3각협력 이외의 협력의제를 도출하는 데에 어려움이 있다.

III. 러시아 외교에서 동북아 평화협력구상의
   긍정적 요인

　　　　　　동북아 평화협력구상은 경제발전과 상호의존의 심
화에도 불구하고 아시아 지역의 정치·안보 협력은 이에 미치지 못하
는 불균형과 불일치의 역설적인 현상인 '아시아 패러독스'를 극복하
고 해결하기 위한 것으로 이해된다. 또한 이 구상은 점진적인 과정과
느슨한 제도적 틀 속에서 기후변화, 재난구조, 핵안전 문제, 테러대응
등 연성 이슈에서부터 대화와 협력을 통해 신뢰를 쌓고 점차 다른
분야에까지 협력의 범위를 넓혀가는 동북아 다자간 협력프로세스를
의미한다.

　따라서 이를 서울 프로세스라고 부르는 것으로 해석된다. 이러한
프로세스는 공동의 이익이 될 수 있는 부분부터 시작해서 더 큰 문제
와 갈등의 문제들까지 호혜의 입장에서 풀어나가는 것이다. 이를 위
해서는 신뢰와 협력의 구축이 기반이 되어야 하는데, 동북아 평화협
력구상을 통해 신뢰와 협력의 구축을 실현하자는 것이다.

　한편, 러시아는 "현대화되고 경쟁력 있는 경제가 안정, 주권, 번영
등을 보장해 주고 국제사회에서 영향력을 행사하게 해준다"는 인식
하에 러시아 새정부의 경제분야 협력의제 중의 하나로 주변 국가들

과의 경제통합 추구 및 공동시장의 확립을 추진하고 있다. 또한 러시아는 사회분야의 의제로 민주주의 발전 및 성숙한 시민사회 달성을 채택하고 있다. 이렇게 볼 때 동북아 평화협력구상이라는 서울 프로세스에 러시아의 참여와 역할에 큰 의미가 있을 것이다. 러시아는 동시베리아 극동 지역의 발전을 위해 동북아 지역 국가들과 기후변화, 재난구조, 핵안전 문제, 테러대응 등의 연성이슈들에 있어서 협력할 필요성을 가지고 있다.

보다 중요한 것은 동북아 평화협력구상의 출발이 아시아 지역의 경제발전과 상호의존의 심화로 인한 것이었다는 점을 러시아가 주지해야 한다는 사실이다. 즉, 유라시아 지역과의 협력의 강화가 물적 토대로 작용하고 있다는 점을 동북아 평화협력구상의 대상 국가들이 이해할 필요가 있다는 것이다. 특히 한국을 포함한 러시아, 중국, 일본 등의 국가들과의 경제통상관계의 발전과 상호의존성의 심화가 없었다고 한다면 동북아 평화협력구상의 단계로까지 발전하기 어려울 수도 있었다는 점을 파악할 필요가 있다.

아시아태평양경제협력체APEC 정상회담을 계기로 러시아는 극동 지역의 경제발전과 협력 이니셔티브에 대한 강한 의지를 보이고 있어 동북아 지역에서의 협력관계에서 러시아는 새로운 계기를 맞이할 것으로 보인다. 또한 최근 동시베리아 극동 지역의 발전과 국제적 협력의 강화와 관심의 증대로 러시아가 가지고 있는 지역적 이중성의 한계를 탈피할 수 있는 계기를 만들고 있다.

러시아가 동북아 평화협력구상에 대해 적극적으로 임할 경우, 기존의 중요한 협력의 틀인 남·북·러 3각협력이라는 협력구도와 동북아 평화협력구상이 상충관계가 아닌 윈-윈win-win관계로 발전시킬 가능성이 있다. 따라서 러시아는 기본적으로 동북아 지역에서의 협력이 러시아의 입장에서 추구하는 남·북·러 3각협력의 심화 혹은 확대발전이라는 시각에서 접근할 필요가 있다고 보인다.

동북아 평화협력구상과 유라시아 협력확대는 러시아가 추구해온 실질협력의 확대와 심화의 중요한 계기를 제공할 것이다. 동북아 평화협력구상과 유라시아 협력확대는 그간 러시아가 추진해온 철도협력, 가스관연결, 전력계통망 연계 등의 실질 협력 프로젝트와 무관하지 않기 때문이다. 이러한 남·북·러 3각협력 사업은 현재 추진 중이지만 여러 가지 문제들로 인해 지지부진한 단계에 있다. 이유는 기술적 혹은 제도적 문제보다는 이해 당사국들 간의 신뢰와 협력의 부족이 더 큰 장애로 작용하고 있기 때문이다. 앞서 언급한 대로 동북아 평화협력구상은 연성이슈에서 시작하여 점차 이슈들을 확대하고 심화 하면서 동북아 국가들 간의 상호 신뢰와 협력의 습관을 만들어 나가려는 것이기 때문이다.

아시아태평양경제협력체(APEC) 정상회담을 계기로 러시아는 극동 지역의 경제발전과 협력 이니셔티브에 대한 강한 의지를 보이고 있어 동북아 지역에서의 협력관계에서 러시아는 새로운 계기를 맞이할 것으로 보인다.

현재 논의되고 있는 러시아 관련 사업은 다음과 같이 살펴볼 수 있다.

첫째, 러시아 천연가스 개발 및 파이프라인 건설사업이다. 동북아 지역에서의 가스분야 협력사업으로 '남북러 가스파이프라인 연결사업'이 있다. 이것은 2008년 9월, 한·러 정상회담 당시 러시아의 가즈프롬과 한국가스공사 간에 가스공급 양해각서MOU: memorandum of understanding를 체결하여 러시아산 천연가스를 북한을 경유하는 가스관을 통해 한국에 도입하려 했던 사업이다. 동 사업은 2015~2017년경 연간 최소 10bcm(약 750만 톤, 총 소비량의 20% 수준)의 러시아 천연가스를 북한통과 파이프라인을 건설하여 한국에 공급하는 것으로 예정되어 있다. 동 사업은 LNG에 비하여 생산 및 수송비 절감 등의 경제적 편익, 탄력적 천연가스 수급조절 가능, 장기적으로 원자력을 대체할 수 있는 연료라는 점 등 많은 장점을 포괄하고 있다.

이 사업과 관련하여 가스공사와 가즈프롬 간 구체적 공급조건에 대한 상업협상이 진행 중(2012년 말)이지만, 북한의 참여여부가 불확실하고 가스파이프라인의 북한 통과노선에 대한 전략적·안보적·경제적 고려 및 공급 미이행에 대한 대처방안 마련의 필요성 등에 대한 문제들로 인해 지연되고 있다. 또한 가스 공급 가격, 물량, 공급 개시일, 공급 기간, 인수 지점 등 가스공급의 상업적·법적·기술적 조건에 대한 구체적 내용에 대한 합의 등과 관련한 많은 과정을 해결해야 하는 문제도 남겨두고 있다.

이 사업의 성공을 위해서는 해결되어야 할 몇 가지 과제들이 존재하는데, 이는 첫째, 러시아 국영 에너지기업과의 전략적 지분제휴 및 기술협력의 문제, 둘째, 한국과 러시아 에너지기업 간의 교차투자 활성화(러시아 상류부문에 한국 참여, 한국의 하류부문 러시아기업에게 개방), 셋째, 러시아의 대 북한 진출사업에 한국기업의 참여 기회 확대 문제 등이다.

이 사업이 실현될 경우 우리나라뿐만 아니라 동북아 지역의 에너지안보에 지대한 기여를 할 수 있을 것이다. 이 사업의 성공을 위해서는 해결되어야 할 몇 가지 과제들이 존재하는데, 이는 첫째, 러시아 국영 에너지기업과의 전략적 지분제휴 및 기술협력의 문제, 둘째, 한국과 러시아 에너지기업 간의 교차투자 활성화(러시아 상류부문에 한국 참여, 한국의 하류부문 러시아기업에게 개방), 셋째, 러시아의 대 북한 진출사업에 한국기업의 참여 기회 확대 문제 등이다.

또한 이 사업은 북한의 사업 참여의 불확실성과 러시아의 가스공급 물량 및 가격 조건 결정 문제 등의 장애요인을 내포하고 있다. 이러한 여건의 해결을 위해 러시아의 적극적인 해결노력과 남·북·러 3개국뿐만 아니라 중국을 비롯한 동북아 국가들과의 협력 및 신뢰분위기 조성이 필수적이다.

둘째, 동북아 에너지그리드 및 전력계통망 연계사업이다. 동북아 에너지그리드 및 전력계통망 연계사업은 극동러시아의 아무르Amur

강의 수력발전 등을 통하여 러시아가 중국, 북한, 한국 등에 전력을 공급하는 사업으로 2000년 이후 러시아가 지속적으로 추진하고 있는 사업이다. 특히, 2002년 북·러 정상회담 이후 양국 간의 협력 사업으로 활발한 논의가 진행되어 오다가 북한의 핵실험 이후에는 모든 사업 논의 진행이 중단되었다. 이 사업은 대북 전력 공급망 건설사업비(규모 50만kW, 거리 180km, 소요금액 1억 8천만 불) 문제와 한반도에너지개발기구KEDO: Korean Peninsula Energy Development Organization가 건설 중이던 경수로 2기 사업과의 관계설정 등의 문제를 가지고 있었다. 하지만 북한의 2차 핵실험 이후 한·러 간의 공동연구, 시장설계 등에 대한 타당성 조사가 중단된 상태이다.

하지만 이사업은 한반도 안보여건이 개선될 경우 단기간 내에 전력 문제를 해결할 수 있는 즉, 북한에 에너지(전력)를 지원할 수 있는 가장 경제적이고 신뢰성 있는 대안으로 평가받고 있다. 또한, 이 사업은 북한의 전력공급을 기본 사업으로 포함하고 있는 한반도 및 동북아 지역의 호환성 있는 전력망 시스템 구축 사업이기 때문에 국제적 규범 및 이의 준수사항이 요구되므로 동북아 국가들 간의 협력과 협조의 틀 내에서 추진되어야 할 것이다.

이 밖에 한국과 러시아 혹은 동북아 국가들과 러시아는 기후변화 및 녹색성장분야에서 협력을 도모할 수 있다. 러시아는 "에너지전략 2030"에서 밝히고 있는 것처럼 향후 에너지 자원의 효율적 사용 및 기후변화에 대응하는 국가차원의 R&D의 추진을 계획하고 있다. 동북아 국가들과의 협력을 통해 녹색기술의 표준과 규범을 정하고 신재생에너지 등의 공동 기술개발과 연구협력 등의 분야에서 다양한 협력의 의제 도출이 가능할 것이다. 또한 북극협력위원회를 통한 동북아 국가들과의 협력으로 북극항로를 이용한 해상물류 협력의 활성화도 생각해 볼 수 있는 협력의제이다.

IV. 한러 협력방안

　　　　[표 2]에서 보는 바와 같이 현재 논의되고 있는 동북아 지역의 천연가스 개발과 전력계통 연계 등의 다양한 에너지협력 사업은 상호 경쟁적으로 충돌하는 사업이 아니라, 동북아 국가들 간의 협력의 정도에 따라 속도와 시점이 다른 보완적인 사업으로 추진할 필요가 있다. 따라서 러시아의 역할에 따라 몇 가지 사업들과 연계 가능성이 존재하는데, 첫째, 전력계통 연계와 사할린 가스전 개발 및 파이프라인 연결사업의 병행 추진, 둘째, 이르쿠츠크 가스전 개발과 파이프라인 사업의 지속적인 협력 추진, 셋째, 장기적으로 야쿠티아 가스전 개발 사업 추진 등과 같은 사업들이다.

하지만 궁극적으로 위에 언급한 협력 사업들은 동북아 관련국 간의 에너지시장의 호환성 제고 및 역내 에너지 공동시장의 형성이 촉진되어야 속도를 낼 수 있을 것으로 전망되는 사업들이다.

러시아의 입장에서 '동북아 평화협력구상'과 '남·북·러 3각협력'이라는 협력구도가 상충관계가 아닌 윈-윈win-win의 관계로 인식하여 이제까지 보여준 러시아의 동북아 지역에 대한 역할과 노력이 '남·북·러 3각협력'의 심화 혹은 확대발전이라는 시각에서 인식되어야 할 것이다. 동북아 평화협력구상의 진전은 참여국들의 협력이 필수적이며 특히, 러시아와 동북아 국가들 간의 실질협력이 핵심적인 기반이라는 점을 러시아는 인식할 필요가 있다.

동북아 평화협력구상을 특정이슈나 특정국가가 아닌 보다 광범위하고 다양한 이슈들에 대해 동북아 국가들 상호간의 기본적 신뢰와 협력의 체계를 만들어 동북아 지역의 평화와 번영의 미래를 보장하기 위한 기본적 프로세스를 정립하자는 것이다. 따라서 이러한 동북아 평화협력구상이 러시아의 국가적 이해관계와 배치되는 것이 아니라는 인식에서 러시아의 적극적인 협력이 필수적이라고 할 수 있다.

러시아의 역할에 따라 몇 가지 사업들과 연계 가능성이 존재하는데, 첫째, 전력계통 연계와 사할린 가스전 개발 및 파이프라인 연결사업의 병행 추진, 둘째, 이르쿠츠크 가스전 개발과 파이프라인 사업의 지속적인 협력 추진, 셋째, 장기적으로 야쿠티아 가스전 개발 사업 추진 등과 같은 사업들이다.

[표 2] 동북아 에너지협력에 대한 접근방법별 대안

【대안 1】	Top-down 접근방법
• 1단계:	고위급 차원의 정치적 합의(political consensus) 형성
• 2단계:	다자협력에 대한 원칙 제정(예: 동북아에너지헌장, 조약 등)
• 3단계:	협력사업 개발에 따른 제도적 기반 조성 및 기구 설립
• 4단계:	본격적인 협력사업의 추진
• 5단계:	동북아 에너지 공동시장 형성
※ 사례:	ASEAN, APEC, TRADP, ECT 등

【대안 2】	Bottom-up 접근방법
• 1단계:	실질적인 사업 추진 성사에 합의 (예: 전력계통연계, 천연가스 공급망 건설 등)
• 2단계:	사업별 민간 및 정부 협력체 구성(민간 포럼, SOM 추진)
• 3단계:	협력사업 추진에 따른 제도적 장치 마련 (역내 해당 국가간 합의서(agreement) 체결 등)
• 4단계:	다자간 에너지 협력 기반으로 진화·발전
• 5단계:	동북아 에너지 공동시장 형성
※ 사례:	EU, IEA, OPEC 등

【대안 3】	Ad-hoc 접근방법(Top-down + Bottom-up의 병렬적 접근)

- 6자회담 혹은 이와 같은 다자간 협력 체계하에서 또는 남북 간에 북핵 문제의 해결 후, 북한의 에너지그리드 사업 참여를 확보
- 북핵 해결과 함께 북한의 국제금융기구(IMF, World Bank, ADB) 가입 등 실현
- 동북아 에너지자원 핵심인 러시아를 포함한 구체적 사업별 민간 및 정부 간 협의체 구성과 실질적 협력 사업의 활성화
- 천연가스 및 전력계통 등 구체적인 사업에 있어서 러시아가 리더십을 발휘하며, 북한을 비롯한 중국과 일본이 참여하는 다자 협력 구도로 추진

동북아 평화협력구상
연설·발언집

Ⅰ. 대통령 당선 인사문

【인사문 전문】

박근혜 대통령 당선인   _2012년 12월 20일

존경하는 국민 여러분,

국민 여러분의 성원에 진심으로 감사드립니다. 제가 오늘 제18 대 대통령 당선자로 이 영광스런 자리에 서게 된 것은 오로지 국민 여러분의 성원이 있었기 때문에 가능했습니다. 저는 우리 대한민국의 위대한 국민들이 자랑스럽습니다. 나라를 위기에서 구하고자 하는 국민 여러분의 마음과 힘, 그 애국의 정신이 우리 국민과 후손들 마음에 깊이 새겨질 것이라 생각합니다.

무엇보다도 대한민국의 발전을 위한 비전을 가지고 대통령선거에 출마하신 문재인 후보님과 지지자 여러분께도 위로의 말씀을 드립니다. 저나 문재인 후보님 모두 우리 대한민국을 위하고 대한민국의 주인이신 국민 여러분을 위한 마음만은 같았다고 생각합니다. 앞으로의 국정운영에서 국민을 위한 이 마음을 늘 되새기겠습니다.

저에 대한 찬반을 떠나 국민 여러분의 다양한 의견을 수렴해 나가겠습니다. 과거 반세기 동안 극한 분열과 갈등을 빚어 왔던 역사의 고리를 화해와 대탕평책으로 끊도록 노력하겠습니다. 모든 지역과 성별과 세대의 사람들을 골고루 등용해 대한민국의 숨은 능력을 최대한 올려서 국민 한 분 한 분의 행복과 100퍼센트 대한민국을 만드는 것이 저의 꿈이자 소망입니다.

존경하는 국민 여러분 우리 대한민국은 아직 어렵습니다. 1960년대 초 1인당 국민소득이 100불에도 미치지 못한 나라에서 2012년 지금은 그 200배가 넘는 2만 불의 시대를 살고 있습니다. 하지만 주부님들의 장바구니 물가와 젊은이들의 일자리에 대한 고민과 고통은 여전히 큽니다. 저는 다시 한번 '잘 살아보세'의 신화를 만들어 국민 모두가 먹고사는 것 걱정하지 않고 청년들이 즐겁게 출근하는 모습을 볼 수 있는 나라를 만들겠습니다.

이 추운 겨울에 따뜻하고 편안한 잠자리에 드실 수 있도록 국민 한 분 한 분의 생활을 챙기겠습니다. 우리 사회에서 소외되는 분 없이 경제성장의 과실을 함께 나눌 수 있도록 하겠습니다. 그것이야말로 진정한 국민대통합이고 경제민주화이고 국민행복이라고 생각합니다. 국민 여러분 제게 힘이 되어 주십시오. 한마음이 되어 주십시오.

5천 년 역사의 우리 대한민국은 선조로부터 강인한 정신을 물려받은 찬란한 전통을 자랑하는 문명국가입니다. 우리는 예부터 평화를 사랑하고 전쟁을 싫어했으며 화합을 좋아하고 갈등을 싫어하는 국민이었습니다. 우리 국민은 예로부터 두레와 같은 상부상조의 미덕을 가지고 나라를 지켜왔습니다. 혼자만 잘 사는 것이 아니라 함께 잘 사는 상생과 공생의 정신이 선조가 우리에게 물려준 훌륭한 자산입니다.

이제 상생과 공생의 정신이 정치, 경제, 사회 곳곳에 스며들도록 제가 앞장서겠습니다. 여러분께서 이러한 마음을 함께 나누어 주시고 훈훈하고 따뜻한 나라가 될 수 있도록 함께 해주시길 바랍니다. 그것이 현재 우리가 직면한 어려움을 이겨내고 새로운 미래의 문을 여는 열쇠라고 확신합니다. 5천년 역사의 유산을 이어가고 5천만 국민의 마음을 하나로 모아 새로운 미래를 펼쳐나가겠습니다.

존경하는 국민 여러분 이번 선거는 한반도를 둘러싼 정세가 급변하는 가운데 치러졌습니다. 북한의 장거리미사일 발사는 우리가 처한 안보현실이 얼마나 엄중한지를 상징적으로 보여줬습니다. 동북아 역내 갈등과 세계 경제위기에 대한 우려도 커지고 있습니다.

국민 여러분께서 제게 주신 소명은 바로 이런 위기를 슬기롭게 헤쳐 나가라는 것이라고 생각합니다. 튼튼한 안보와 신뢰외교를 통해 새로운 한반도 시대를 열겠다는 국민 여러분과의 약속, 꼭 지키겠습니다. 올바른 역사인식을 토대로 동북아의 화해·협력과 평화가 확대되도록 노력하겠습니다.

존경하는 국민 여러분! 희망을 잃지 말고 일어서 주십시오. 국민 한 분 한 분이 새로운 꿈을 그리고, 그 꿈을 이룰 수 있는 나라, 국민과 함께 국민 행복 시대를 열어 나가겠습니다. 최초의 여성 대통령으로서 새로운 변화와 개혁을 국민 여러분과 함께 반드시 이뤄 내겠습니다. 그 길에 국민 여러분들이 늘 함께 해 주길 바랍니다. 다시 한번 국민 여러분의 성원에 진심으로 감사드립니다.

■ 출처: 베이비 뉴스, [전문] 박근혜 제18대 대통령 당선 인사문(2012년 12월 20일), http://www.ibabynews.com/news/newsview.aspx?categorycode=0010&newscode=20121220114649062500 4290

II. 미국 상·하원 합동 연설

【연설문 전문】

박근혜 대통령 _2013년 5월 8일

• 국문 연설문

존경하는 베이너 하원의장님, 바이든 부통령님, 상하원 의원 여러분, 그리고 내외 귀빈 여러분, 자유와 민주주의를 상징하는 미국 의회 의사당에서 한국과 미국의 우정과 미래에 대해 연설할 수 있는 기회를 갖게 되어 매우 기쁘게 생각합니다. 그제 저는 워싱턴에 도착해서 포토맥강변에 조성된 한국전쟁 기념공원을 찾았습니다. "알지도 못하는 나라, 만나보지도 못한 사람들을 지켜야 한다는 국가의 부름에 응한 미국의 아들과 딸들에게 미국은 경의를 표한다." 한국전 참전기념비에 새겨진 이 비문은 매번 방문할 때마다 깊은 감명을 줍니다.

자유와 민주주의라는 인류 보편의 가치를 수호하기 위해 피와 땀과 눈물을 바친 참전용사들에게 대한민국 국민을 대신해서 깊이 감사드립니다. 이 자리에 함께하고 계신 참전용사 네 분, 존 코니어스 의원님, 찰스 랑겔 의원님, 샘 존슨 의원님, 하워드코블 의원님께도 진심으로 감사의 말씀을 드립니다.

1953년 6.25전쟁의 총성이 멈추었을 당시 1인당 국민소득 67불의 세계 최빈국이었던 한국은 이제 세계 5위의 자동차 생산국이자 무역규모 세계 8위의 국가로 성장했습니다. 세계인들은 이런 대한민국의 역사를 '한강의 기적'이라고 부르고 있습니다. 그러나 대한민국 국민들은 이것을 기적이라고 생각하지 않습니다. 그런 성취의 역사를 만들기 위해 한국인들은 독일의 광산에서, 월남의 정글에서, 열사의 중동 사막에서 많은 땀을 흘려야했고, 혼신의 힘을 다했습니다.

저는 오늘의 대한민국을 만든 대한민국 국민들이 존경스럽고, 그 국민들의 대통령이 된 것에 자부심을 느끼고 있습니다. 그리고 자랑스런 한국 국민들과 함께 경제부흥과 국민행복, 문화융성, 평화통일 기반구축이라는 4대 국정기조를 통해 또 다른 '제2의 한강의 기적'을 이룰 것입니다. 우리가 여기까지 올 수 있도록 도운 좋은 친구들이 있었습니다. 특히 미국은 가장 가깝고 좋은 친구였습니다. 저는 미국의 우정에 깊이 감사하며, 이렇게 소중한 역사를 공유해 온 한국과 미국이 앞으로 만들어 갈 새로운 역사가 기대됩니다.

그 토대가 되어온 한미동맹이 올해로 60주년이 되었습니다. 오늘 저는 여러분에게 한미동맹의 60년을 웅변하는 한 가족을 소개해 드리고자 합니다. 데이비드 모건 중령과 아버지 존 모건 씨입니다. 모건 중령의 할아버지 고 워렌 모건 씨는 6.25전쟁에 참전해 해군 예비군 지휘관으로 활약했습니다. 아버지 존 모건 씨는 미 213 야전포병대대 포병중대장으로 6.25전쟁에 참전했습니다, 모건 중령도 1992년과 2005년 두 번에 걸쳐 주한미군에서 근무하였습니다. 3대가 함께 한국의 안보를 지켜낸 모건가족은 한미동맹 60년의 산증인입니다. 저는 대한민국 대통령으로서 모건 가족을 비롯한 미국인들의 헌신과 우정에 깊은 감사의 박수를 드립니다.

이제 우리의 소중한 한미동맹은 보다 밝은 세계, 보다 나은 미래를 향해 나아가고 있습니다. 공동의 가치와 신뢰를 바탕으로 지구촌 곳곳에서 협력의 벽돌을 쌓아 가고 있습니다. 이라크에서 그리고 아프가니스탄에서 한국은 미국과 함께 평화정착과 재건의 임무를 수행해 왔습니다. 2010년 미국에 이어 2012년 서울에서 제2차 핵안보정상회의를 개최하여 '핵무기 없는 세상'을 구현하려는 의지와 비전을 확인했습니다.

오바마 대통령의 '핵무기 없는 세상'의 비전은 한반도에서부터 시작되어야 할 것입니다. 세계 유일의 분단국가이고, 핵무기의 직접적인 위협 속에 놓여 있는 한반도야말로 핵무기 없는 세상을 만드는 시범지역이 될 수 있고, 여기서 성공한다면, 핵무기 없는 세상을 만들 수 있을 것입니다.

한국은 확고한 비확산 원칙하에 원자력의 평화적 이용을 추구하고 있습니다. 한국과 미국은 세계 원자력 시장에 공동진출하고 있고 앞으로 선진적이고 호혜적으로 한미 원자력협정이 개정된다면 양국의 원자력 산업에 큰 도움이 될 것입니다. 우리의 이러한 파트너십은 개발협력분야에까지 확대되어 나가고 있습니다. 봉사단 규모에서 세계 1·2위인 미국과 한국이 어깨를 나란히 하면서 개발도상국의 발전을 돕기 위해 노력해 나갈 것입니다.

2011년 KOICA와 USAID가 협력 MOU를 체결한 데 이어, Peace Corps와 KOICA가 협력 MOU를 체결하게 될 것입니다. 작년 3월에 발효된 한미 FTA는 한미동맹을 경제를 포함한 포괄적 전략동맹으로 발전시키는 계기가 되었습니다. 이에 더하여, 현재 미 의회에 계류 중인 한국에 대한 전문직비자쿼터 관련 법안이 통과되면 양국의 일자리 창출에도 크게 기여하게 되고, FTA로 인해 양국 국민들이 실질적인 혜택을 입는다는 것을 체감하는 좋은 계기가 될 것입니다.

미 의회의 적극적인 관심과 지원을 당부드립니다. 또한, 한미 FTA는 동아시아와 북미를 연결하는 가교로서 아시아 태평양이 하나의 시장으로 발전해 나갈 수 있는 중요한 기회를 제공하고 있으며, 미국의 아시아 재균형 정책의 중요한 축이 되고 있습니다. 이처럼 한미동맹은 21세기 포괄적 전략동맹으로 진화하고 있습니다.

존경하는 상하원 의원 여러분, 그리고 내외 귀빈 여러분, 이제 저는 한국과 미국이 만들어 나아갈 우리의 미래(Our Future Toge-ther)에 대해 이야기하고자 합니다. 저는 어제 오바마 대통령과 정상회담을 갖고, 한미동맹 60주년 기념 공동선언을 채택하였습니다. 지난 60년간 이룩한 위대한 성과를 바탕으로 한반도의 평화와 동북아의 협력, 나아가 지구촌의 번영을 위해 함께 노력할 것을 선언하였습니다. 저는 한국과 미국이 함께 만들어갔으면 하는 3가지의 비전과 목표를 가지고 있습니다.

첫째는, 한반도의 평화와 통일기반을 구축하는 것입니다. 지금 북한은 장거리미사일 발사와 핵실험 등 지속적인 도발 위협으로 한반도와 세계 평화를 흔들고 있습니다. 한국 정부는 강력한 안보태세를 유지하고, 미국을 비롯한 국제사회와의 굳건한 공조를 강화하면서 차분하게 대응을 하고 있습니다. 한국 경제와 금융시장도 안정을 유지하고 있고, 국내외 기업들도 투자확대 계획을 잇달아 발표하고 있습니다. 굳건한 한미동맹을 토대로, 한국 경제의 튼튼한 펀더멘탈과 한국 정부의 위기관리 역량이 지속되는 한 북한의 도발은 절대로 성공할 수 없을 것입니다.

저는 한반도에 평화를 정착시키고, 평화통일의 기반을 구축하기 위해 한반도 신뢰프로세스를 견지해 나갈 것입니다. 한반도 신뢰프로세스는 북한의 핵은 절대 용납할 수 없고, 북한의 도발에는 단호하게 대응하되, 영유아 등 북한주민에 대한 인도적 지원은 정치

상황과 관련 없이 해나가는 것입니다. 그리고 남북한 간의 점진적인 교류와 협력을 통해 신뢰를 축적해 감으로써 지속가능한 평화를 만들어 나가고, 평화통일의 기반을 구축하는 것입니다. 그러나, 한국 속담에 손뼉도 마주 쳐야 소리가 난다는 말처럼, 신뢰구축은 어느 한쪽의 노력만으로는 이루어질 수 없습니다. 그동안은 북한이 도발로 위기를 조성하면, 일정 기간 제재를 하다가 적당히 타협해서 보상을 해주는 잘못된 관행이 반복되어 왔습니다. 그러는 사이에 북한의 핵개발 능력은 더욱 고도화되고, 불확실성이 계속되어 왔습니다. 이제 그런 악순환의 고리를 끊어야 합니다.

지금 북한은 핵보유와 경제발전의 동시 달성이라는 실현 불가능한 목표를 세웠습니다. 그러나 You cannot have your cake and eat it, too. 북한 지도부는 확실히 깨달아야 합니다. 국가의 안전을 보장하는 것은 핵무기가 아니라 바로 국민 삶의 증진과 국민의 행복인 것입니다. 북한은 국제사회의 책임있는 일원이 되는 방향으로 올바른 선택을 해야 합니다. 그리고 북한이 스스로 그런 선택을 하도록 국제사회는 하나의 목소리로, 분명하고 일관된 메시지를 보내야 합니다. 그래야만 남북관계도 실질적으로 발전할 수 있고, 한반도와 동북아의 항구적인 평화가 구축될 수 있을 것입니다.

60년 전, 남북한 간의 군사충돌을 막기 위해 설치된 "비무장지대(DMZ)"는 현재 세계에서 가장 중무장된 지역이 되었습니다. 한반도에서 비무장지대를 사이에 둔 대치는 이제 세계평화에 큰 위협이 되고 있습니다. 이 위협은 남북한만이 아니라, 세계와 함께 풀어야 하고, 이제 DMZ는 세계평화에 기여하는 '진정한' 비무장 지대가 되어야 한다고 생각합니다. 저는 한반도 신뢰프로세스를 유지해나가면서 DMZ 내에 세계평화공원을 만들고 싶습니다. 그곳에서 평화와 신뢰가 자라나는 계기가 되었으면 합니다. 군사분계선으로 갈라져 있는 한국인들만이 아니라 세계인들이 평화의 공간에서 함께 만나게 되길 희망합니다. 그날을 위해 미국과 세계가 우리와 함께 나서주길 바랍니다.

존경하는 상하원 의원 여러분, 한미동맹이 나아갈 두 번째 여정은 동북아 지역에 평화 협력 체제를 구축하는 길입니다. 오늘까지도 동북아 지역은 협력의 잠재력을 극대화시키지 못하고 있습니다. 역내 국가의 경제적 역량과 상호의존은 하루가 다르게 증대하고 있으나, 과거사로부터 비롯된 갈등은 더욱 심화되고 있습니다.

역사에 눈을 감는 자는 미래를 보지 못한다고 했습니다. 역사에 대한 올바른 인식을 갖지 못하는 것은 오늘의 문제이기도 하지만, 더 큰 문제는 내일이 없다는 것입니다. 미래 아시아에서의 새로운 질서는 역내 국가 간 경제적 상호의존의 증대에도 불구하고, 정치·안보협력은 뒤처져 있는 소위 '아시아 패러독스' 현상을 우리가 어떻게 관리하느냐에 따라 결정될 것입니다.

저는 이러한 도전들을 극복하기 위한 비전으로 동북아 평화협력 구상을 추진하고자 합니다. 미국을 포함한 동북아 국가들이 환경, 재난구조, 원자력 안전, 테러 대응 등 연성 이슈부터 대화와 협력을 통해 신뢰를 쌓고, 점차 다른 분야까지 협력의 범위를 넓혀가는 동북아 다자간 대화 프로세스를 시작할 때가 되었습니다. 이러한 구상은 한미동맹을 바탕으로 이 지역의 평화와 공동발전에 기여할 수 있다는 점에서, 오바마 대통령의 아시아 재균형 정책과도 시너지 효과를 가져 올 것입니다. 여기에는 북한도 참여할 수 있을 것입니다.

이처럼 공동의 이익이 될 수 있는 부분부터 함께 노력해나가면, 나중에 더 큰 문제와 갈등들도 호혜적 입장에서 풀어갈 수 있을 것입니다. 저는 동북아 지역에서의 새로운 협력 프로세스를 만들어 나가는 데 한미 양국이 함께 할 것으로 굳게 믿습니다. 한미동맹이 나아갈 세 번째 여정은 지구촌의 이웃들이 평화와 번영을 누릴 수 있도록 하는 데 기여하는 것입니다. 저는 취임사에서 한국 국민, 한반도, 나아가 지구촌의 행복실현을 국정비전으로 제시하였습니다. 미국 독립선언서에 새겨진 행복추구권은 대한민국 헌법에도 명시되어 있습니다. 저는 오랫동안 한미동맹의 궁극적인 목표는 전 인류의 행복에 기여하는 데 있어야 한다고 믿어왔습니다.

한미 양국은 이러한 정신 아래 평화와 자유 수호의 현장에서 함께하고 있습니다. 테러대응, 핵 비확산, 국제금융위기와 같은 글로벌 이슈에서도 양국의 공조는 더욱 확대되고 있습니다. 이에 그치지 않고 한미 양국이 앞으로도 자유, 인권, 법치 등 인류의 보편적 가치를 확산하고, 빈곤 퇴치, 기후변화, 환경 등 글로벌 이슈에 공동대처하는 데 있어서도 계속해서 함께 해 나갈 것입니다.

존경하는 상하원 의원 여러분 그리고 내외 귀빈 여러분, 한국과 미국은 한국전 이후 북한의 위협과 도발에 대응하면서 한반도에서 자유와 평화를 수호하기 위해 함께 노력해 왔습니다. 이제 한미동맹은 한반도에서의 자유와 평화 수호에서 한 걸음 더 나아가 남북한 모두가 평화롭고 행복한 통일 한국을 향한 여정을 함께 나설 때가 되었습니다. 한국과 미국의 경제협력도 이제는 한 단계 더 높고, 미래지향적인 단계로 나가야 합니다.

오바마 대통령께서 제시하신 Startup America Initiative, 대한민국의 창조경제 국정전략은 한국과 미국의 젊은이들이 새로운 아이디어, 뜨거운 열정과 도전으로 밝은 미래를 개척해 갈 디딤돌이 될 것입니다. 지금도 한미 양국은 K-POP 가수의 월드투어에서, 할리우드 영화에서, 중동의 재건현장에서 함께 뛰고 있습니다. 한국과 미국이 함께 하는 미래는 삶을 더 풍요롭게, 지구를 더 안전하게, 인류를 더 행복하게 만들 것이라고 확신합니다. 한미 양국과 지구촌의 자유와 평화, 미래와 희망을 향한 우정의 합창은 지난 60년간

쉼 없이 울려 퍼졌고, 앞으로도 멈추지 않을 것입니다.

감사합니다.

● 영문 연설문

Speaker Boehner, Vice President Biden, distinguished members of the House and the Senate, ladies and gentlemen, I am privileged to stand in this chamber-this hallowed ground of freedom and democracy-to speak about our friendship and our future together. After I arrived in Washington the day before yesterday, I went to the Korean War Memorial near the banks of the Potomac. I read the words etched in granite:

"Our nation honors her sons and daughters, who answered the call to defend a country they never knew and a people they never met." Time and again, I am moved when I read those familiar words.

Let me express-on behalf of the people of the Republic of Korea-our profound gratitude to America's veterans. Their blood, sweat and tears helped safeguard freedom and democracy. I also offer my heartfelt appreciation to four men in particular. They served in that war and now serve in this chamber. Their names are Congressmen John Conyers, Charles Rangel, Sam Johnson and Howard Coble. Gentlemen, my country thanks you.

When the guns fell silent in the summer of 1953, Koreans were surviving on 67 dollars a year. Six decades later, Korea is one of the top five car producers and the eighth-largest trading nation. Some call this the "Miracle on the Han River." But for those of us in Korea, it was anything but a miracle. And it wasn't just built from within. Koreans worked tirelessly in the mines of Germany, in the jungles of Vietnam, and in the deserts of the Middle East. These are the people-the proud Korean people-I am so honored to serve as President.

They are the ones that made Korea what it is today. Together, we will write a sequel to that story: "A Second Miracle on the Han River." This time, it will be written with a revived economy, with a people that are happy, with a flourishing culture, and on a pathway to a reunified Peninsula. These are the four tenets that guide my government. We also know that we didn't come this far on our own. Along our journey we have been aided by great friends and among them, the United States is second to none. America, I thank you for your friendship. If the past is anything to go by, our new journey will also be filled with excitement.

This year, we honor the 60th anniversary of our alliance. And today, I would like to acknowledge one iconic family that captures those 60 years. It is the family of Lieutenant Colonel David Morgan. Colonel Morgan's grandfather, the late Warren Morgan, fought in the Korean War. The senior Morgan was a commander in the U.S. Naval Reserve. His father, John Morgan, also served in the Korean War. He was a battery commander of the 213th Field Artillery. Colonel Morgan himself has served two tours in Korea in 1992 and 2005. The Morgan family is a living testimony to our 60 years together-three generations of Americans helping to safeguard Korea.

As President of a grateful nation, I salute the Morgan family and the commitment and friendship of the American people. Looking forward, our precious alliance is setting its sights on a better world—a brighter future. Bound by trust, guided by shared values, we are cooperating across and beyond our own boundaries. Korea has stood by the United States in Iraq and Afghanistan. Together, we supported peace-building and reconstruction in those nations.

Following the Washington conference in 2010, Seoul hosted the 2nd Nuclear Security Summit last year. There we reaffirmed our commitment to the vision of "a world without nuclear weapons." "A world without nuclear weapons"-President Obama's vision-must start on the Korean Peninsula. For the Peninsula is home to the only divided nation-state and directly faces the threat of nuclear weapons.

It is an ideal test-bed for a future free of nuclear arms. If we can pull it off on the Korean Peninsula, then we can pull it off anywhere else. Korea has been pursuing the peaceful use of nuclear energy. It is also firmly committed to the principle of non-proliferation. Korea and the United States are partnering to build reactors in third countries. In this regard, we need a modernized, mutually beneficial successor to our existing civil nuclear agreement. Such an accord will bring huge benefits to related industries in both our countries.

Our partnership also extends to development assistance. The United States and Korea send the largest numbers of aid volunteers abroad. We will work side by side to help lower-income countries. In 2011, our aid agencies signed a document that facilitates these efforts. And Korea's aid agency will soon be signing another with the US Peace Corps.

In March of last year, the Korea-US Free Trade Agreement went into effect. The agreement adds an economic pillar to our alliance. It has moved us closer to a comprehensive strategic alliance. We can do even more. If the bill on visa quotas for Korean professionals is passed in this Congress, both our economies will benefit, for it would help create many more jobs. It would show our people what the FTA can do for them. I ask Congress for its understanding-for its support.

Our FTA also connects East Asia and North America and provides a key platform for building a common Asia-Pacific market. The agreement also helps underpin Washington's rebalancing toward the region. Collectively, these developments paint a forward-leaning alliance. They point to a 21st century partnership that is both comprehensive and strategic.

Ladies and gentlemen, that is our present, the foundation on which we stand. I now wish to share my vision of "our future together"—a future that we will build together as partners. Following our meeting yesterday, President Obama and I adopted a Joint Declaration. Building on the extraordinary accomplishments of the last sixty years, we determined to embark on another shared journey toward peace on the Korean Peninsula, toward cooperation in Northeast Asia, and finally toward prosperity around the world.

It is my hope that as we make this journey, our partnership will be guided by a three-part vision. The first is to lay the groundwork for enduring peace on the Korean Peninsula and over time for reunification. That future, I know, feels distant today. North Korea continues to issue threats and provocations firing long-range missiles, staging nuclear tests that undermine peace on the Peninsula and far beyond it. The Korean government is reacting resolutely, but calmly. We are maintaining the highest level of readiness. We are strengthening our cooperation with the US and other international partners.

Korea's economy and financial markets remain stable. Companies-both domestic and foreign-see this, and are expanding their investments. Korea's economic fundamentals are strong. Its government is equal to the task. And it is backed by the might of our alliance. So long as this continues you may rest assured: no North Korean provocation can succeed. I will remain steadfast in pushing forward a process of trust-building on the Korean Peninsula. I am confident that trust is the path to peace-the path to a Korea that is whole again. The Republic of Korea will never accept a nuclear-armed North Korea. Pyongyang's provocations will be met decisively.

At the same time, I will not link humanitarian aid provided to the North Korean people, such as infants and young children, to the political situation. And with the trust that gradually builds up, through exchange, through cooperation, we will cement the grounds for durable peace and — eventually — peaceful reunification. But as we say in Korea, it takes two hands to clap. Trust is not something that can be imposed on another. The pattern is all too familiar-and badly misguided. North Korea provokes a crisis.

The international community imposes a certain period of sanctions. Later, it tries to patch things up by offering concessions and rewards. Meanwhile, Pyongyang uses that time to advance its nuclear capabilities. And uncertainty prevails. It is time to put an end to this vicious cycle. Pyongyang is pursuing two goals at once, a nuclear arsenal and economic development. We know these are incompatible. You cannot have your cake and eat it, too.

The leadership in Pyongyang must make no mistake. Security does not come from nuclear weapons. Security comes when the lives of its people are improved. It comes when people are free to pursue their happiness. North Korea must make the right choice. It must walk the path to becoming a responsible member in the community of nations. In order to induce North Korea to make that choice, the international community must speak with one voice. Its message must be clear and consistent. Only then will we see real progress in inter-Korean relations. Only then will lasting peace be brought to the Korean Peninsula and Northeast Asia.

60 years ago, a stretch of earth bisecting the Korean Peninsula was cleared of arms. Today, that demilitarized zone drawn to prevent armed collision is the most militarized place on the planet. And the standoff around the DMZ has the potential to endanger global peace. We must defuse that danger. Not just South and North Korea. The world must also get involved.

The demilitarized zone must live up to its name, a zone that strengthens the peace not undermines it. It is with this vision in mind that I hope to work toward an international park inside the DMZ. It will be a park that sends a message of peace to all of humanity.

This could be pursued in parallel with my Trust-building Process. There, I believe we can start to grow peace-to grow trust. It would be a zone of peace bringing together not just Koreans separated by a military line, but also the citizens of the world. I call on America and the global community to join us in seeking the promise of a new day.

Honorable members of Congress, The second leg of our journey extends beyond the Korean Peninsula to all of Northeast Asia where we must build a mechanism of peace and cooperation. Sadly, today the nations of this region fail to fulfill all that we can achieve collectively. That potential is tremendous. The region's economies are gaining ever greater clout and becoming more and more interlinked. Yet, differences stemming from history are widening. It has been said that those who are blind to the past cannot see the future.

This is obviously a problem for the here and now. But the larger issue is about tomorrow. For where there is failure to acknowledge honestly what happened yesterday, there can be no tomorrow. Asia suffers from what I call "Asia's paradox," the disconnect between growing economic interdependence on the one hand, and backward political, security cooperation on the other. Now we manage this paradox-this will determine the shape of a new order in Asia.

Together, we must meet these challenges. And so I propose an initiative for peace and cooperation in Northeast Asia. We cannot afford to put off a multilateral dialogue process in

Northeast Asia. Together, the United States and other North-east Asian partners could start with softer issues. These include environmental issues and disaster relief. They include nuclear safety and counter-terrorism. Trust will be built through this process. And that trust will propel us to expand the horizons of our cooperation. The initiative will serve the cause of peace and development in the region. But it will be firmly rooted in the Korea-US alliance.

In this sense, it could reinforce President Obama's strategy of rebalancing towards the Asia-Pacific. Of course, North Korea could also be invited to join. If we start where our interests overlap, then later on it will be easier to find common ground on the larger challenges-easier to find solutions to our mutual benefit. I firmly believe that Korea and the United States will work hand in hand as we shape an emerging process for cooperation in the region.

The third and final leg of our journey extends even farther beyond the Peninsula-beyond Northeast Asia to the rest of the world. It is to contribute to happiness-the happiness of Koreans on both halves of the Peninsula-the happiness of all humanity. This is a vision I also advanced at my inauguration. The "Pursuit of Happiness" is enshrined in the American Declaration of Independence. It also occupies a special place in the Korean Constitution. I have long believed that our alliance should aim far — that it should ultimately seek a happier world.

Guided by this spirit, we stood side by side in the frontiers of peace and freedom. Infused by this spirit, we are expanding cooperation on global issues like counter-terrorism, nuclear non-proliferation and the global financial crisis. Our efforts will not stop there. Together, we will help spread the universal values of freedom, human rights and the rule of law. We will march together to take on global challenges — from fighting poverty to tackling climate change and other environmental issues.

Members of the House and the Senate, our journey since the Korean War has been led by a specific mission to respond to threats and provocations from the North and to defend freedom and peace on the Korean Peninsula. Today, our alliance is called upon to go beyond that-beyond just the defense of freedom and peace. We are called upon to step forward on a new journey-a journey toward a Korea that is at peace, that is happy, and that is made whole. Our economic partnership must also aim higher and reach further into the future.

President Obama has outlined the Startup America Initiative. Together with my strategy for a creative economy, we can advance toward a common goal ─ to help channel the innovative ideas, the passion, and the drive of our youths towards a brighter future. Koreans and Americans are partnering in new ways whether at world ─ tours of Korean pop-stars for Hollywood films or at reconstruction sites in the Middle East. Together, we can envision a future that is richer, that is safer, and that is happier. Our chorus of freedom and peace, of future and hope, has not ceased to resonate over the last 60 years and will not cease to go on.

Thank you very much.

■ 출처: 청와대 홈페이지, 박근혜 대통령 미국 상·하원 합동 연설문 전문(2013년 5월 9일), http://www.president.go.kr/president/speech.php?mode=view&uno=29

III. 한중 미래비전 공동성명

【미래비전 공동성명 전문】

박근혜 대통령　_2013년 6월 27일

　　박근혜 대한민국 대통령은 시진핑(習近平) 중화인민공화국 국가 주석의 초청으로 2013년 6월 27일부터 30일까지 중국을 국빈 방문하여 중국 정부와 국민들의 성대한 환영과 따뜻한 영접을 받았다. 방문기간 중 박근혜 대통령은 시진핑 국가주석과 정상회담을 가졌으며, 리커창 국무원총리, 장더장전인대 상무위원장과도 면담하였다.

　　양측은 1992년 수교 이래 양국관계 발전 성과를 평가하고, 한·중관계, 한반도 정세, 동북아를 포함한 지역정세 및 국제 문제 등 상호 관심사에 대해 심도 있는 의견 교환을 가졌으며, 한·중 간 전략적 협력동반자 관계를 신뢰에 기반하여 내실있게 발전시켜 나가기 위한 미래비전을 제시하였다.

1. 양국관계 발전 방향 및 원칙

1-1 양국관계 발전 평가

양측은 수교 이래 양국관계가 상호존중, 호혜평등, 평화공존, 선린우호의 정신하에 제반 분야에서 눈부신 발전을 이루었다고 평가하였다.

양측은 양국 간의 역사적인 수교와 지난 20여 년간의 관계발전이 양국의 번영, 양국민의 복지증진과 한반도의 평화와 안정, 그리고 아시아의 공동 번영에도 기여해 왔다는 데 의견을 같이 하였다.

1-2 양국관계 발전 방향

양측은 양국관계 발전 성과를 토대로 양국 간 전략적 협력동반자관계를 양자 및 지역 차원뿐만 아니라 국제사회의 평화와 번영을 위한 협력 차원으로까지 더욱 진전시켜 나갈 필요성이 있다는 데인식을 같이 하였다. 아울러, 양측은 앞으로 정치안보 분야의 협력과 경제통상, 사회문화 분야의 협력을 모두 대폭 발전시켜 나가기로 하였다.

이러한 방향으로 나아가는 데 있어, 양측은 향후 5년간 함께 협력할 양국 신정부가 공히 국민 행복과 인류사회의 복지 증진을 국정목표의 우선순위로 두고 있다는 점이 중요한 추동력으로 작용할 것이라는 데에 의견을 같이 하였다.

이러한 공통된 인식 하에, 양측은 향후 양국관계 발전의 기본 원칙으로 첫째, 상호이해와 상호신뢰 제고, 둘째, 미래지향적 호혜협력 강화, 셋째, 평등원칙과 국제규범의 존중, 넷째, 지역, 국제사회의 평화안정과 공동번영 및 인류의 복지 증진에의 기여를 제시하였다.

2. 전략적 협력동반자 관계의 내실화

2-1 중점 추진 방안

이러한 기본 원칙을 바탕으로, 양측은 한·중 전략적 협력동반자 관계를 신뢰에 기반하여 내실화하기로 하고, 이를 위해 다음 세 가지 방안을 중점적으로 추진해나가기로 하였다.

첫째, 정치안보 분야에서 전략적 소통을 강화한다.

이를 위해, 양국 지도자가 긴밀히 소통하고, 양국의 정부, 의회, 정당, 학계 등 다양한 주체 간의 전략적 소통을 포괄적/다층적으로 추진하여 상호 전략적 신뢰를 가일층 제고한다. 이를 통해, 한중관계 발전, 한반도와 동북아의 평화, 안정, 지역협력 및 글로벌이슈의 해결에도 함께 기여한다.

둘째, 경제, 사회 분야에서 협력을 더욱 확대한다. 이를 위해, 기존 협력을 더욱 확대하는 동시에 새로운 협력 분야와 사업을 지속적으로 개발한다. 특히, 양측은 실질적인 자유화와 폭넓은 범위를 포괄하는, 높은 수준의 포괄적인 한·중 자유무역협정(FTA) 체결을 목표로 한다는 점을 재확인하였다. 양측은 모델리티 협상의 실질적 진전을 평가하고, 한·중 FTA 협상팀이 협상을 조속히 다음 단계로 진전시킬 수 있도록 노력을 강화할 것을 지시하였다.

아울러 양국 국민의 건강과 안전확보를 통한 삶의 질 제고를 위해 공동으로 노력하며, 새로운 성장동력을 조성하기 위한 교류협력을 증진시켜 나간다.

이를 통해, 양국의 호혜적 이익과 양국민뿐만 아니라 인류의 복지증진에도 기여해 나간다.

셋째, 양국민 간 다양한 형태의 교류를 촉진하고, 특히 인문유대 강화 활동을 적극 추진한다.

이를 위해, 학술, 청소년, 지방, 전통예능 등 다양한 인문분야에서 교류를 적극적으로 추진한다. 아울러 양국 간 공공외교 분야에서의 협력, 그리고 다양한 문화교류도 가일층 촉진시킨다. 이를 통해 양국관계의 장기적, 안정적 발전의 기반이 되는 양 국민 간의 상호 이해와 신뢰를 제고한다.

2-2 세부 이행계획

양측은 전략적 협력동반자 관계의 내실화를 위한 상기 세 가지 중점협력방안을 구체적으로 이행하기 위해, 이 공동성명의 첨부 부속서를 통해 아래와 같은 다섯 가지 사항을 중심으로 하는 세부 이행계획을 제시하였다.

첫째, 정상 및 지도자 간 빈번한 상호방문과 회담, 서한 교환, 특사 파견, 전화 통화 등 방식으로 상시적 소통을 추진한다. 한국의 청와대 국가안보실장과 중국의 외교담당 국무위원 간 대화체제를 구축한다. 외교장관 상호방문의 정례화 및 핫라인의 구축, 외교차관 전략대화의 연간 2회 개최, 외교안보대화, 정당 간 정책대화, 양국 국책연구소 간 합동 전략대화 등을 추진한다.

둘째, 거시경제정책 공조와 국제금융위기 등 외부경제위험에 대한 공동대처 등 경제통상 협력을 더욱 강화하고, 정보통신, 에너지, 환경, 기후변화 등 미래지향적인 분야에서의 협력사업을 지속 개발한다. 또한, 보건의료, 식품안전, 인구구조 변화 등 사회분야에서도 발전 경험을 공유하기 위해 다양한 협의채널 확충 등의 노력을 강화한다.

셋째, 인문유대 강화를 위한 정부 차원의 협의기구로서 '한·중

인문교류 공동위원회'를 설치하고, 동 공동위를 연례 개최하여 관련 협력사업 계획을 수립하고 그 이행을 지도한다. 또한, 교육, 관광, 문화, 예술, 스포츠 등 분야에서의 다양한 교류를 강화한다. 아울러, 이 분야에서의 교류협력을 제3국으로 확대하는 데에도 협력해 나간다.

넷째, 양국민 간 교류과정에서 국민에 대한 편의 제공과 권익 보호 등 분야에서 영사 협력을 강화한다.

다섯째, 지역 및 국제무대에서의 협력을 강화한다.

3. 한반도

한국 측은 한반도의 긴장을 완화시키고 지속가능한 평화를 구축하기 위한 "한반도 신뢰프로세스" 구상을 설명하였다. 이에 대해 중국 측은 박근혜 대통령이 주창한 "한반도 신뢰프로세스" 구상을 환영하고, 남북관계 개선 및 긴장 완화를 위하여 한국 측이 기울여온 노력을 높이 평가하였다.

양측은 한국과 북한이 한반도 문제의 직접 당사자로서 당국 간 대화 등을 통해 한반도 문제 해결을 위하여 적극적인 역할을 해야 한다는 데 의견을 같이 하였다.

한국 측은 북한의 계속되는 핵실험에 대해 우려를 표명하고, 어떤 상황에서도 북한의 핵보유를 용인할 수 없음을 분명히 하였다. 이와 관련, 양측은 유관 핵무기 개발이 한반도를 포함한 동북아 및 세계의 평화와 안정에 대한 심각한 위협이 된다는 점에 인식을 같이 하였다. 양측은 한반도 비핵화실현 및 한반도 평화와 안정 유지가 공동이익에 부합함을 확인하고 이를 위하여 함께 노력해 나가기로 하였다.

양측은 안보리 관련 결의 및 9.19 공동성명을 포함한 국제 의무와 약속이 성실히 이행되어야 한다는 데 인식을 같이 하였다.

양측은 6자회담 틀 내에서 각종 형태의 양자 및 다자대화를 강화하고, 이를 통하여 한반도 비핵화 실현 등을 위한 6자회담의 재개를 위해 긍정적인 여건이 마련되도록 적극 노력하기로 하였다.

한국 측은 한반도 평화와 안정을 위한 중국 측의 노력을 평가하고, 한반도에서의 새로운 변화를 통해 동 지역의 평화와 안정이 증진될 수 있도록 중국 측이 건설적인 기여를 해 줄 것을 희망하였다. 중국 측은 남북한 양측이 대화와 신뢰에기반하여 관계를 개선하고 궁극적으로 한민족의 염원인 한반도의 평화통일 실현을 지지한다고 표명하였다.

4. 대만

중국 측은 세계에 하나의 중국만이 있으며, 대만은 중국 영토의 불가분의 일부분임을 재천명하였다. 한국 측은 이에 대해 충분한 이해와 존중을 표시하고, 중화인민공화국 정부가 중국의 유일 합법 정부라는 것과 하나의 중국 입장을 계속 견지해 나가기로 하였다.

5. 지역, 국제무대 협력

5-1 한중일 3국 협력

양측은 한중일 3국 협력이 3국 각자의 발전에는 물론 동북아의 평화와 공동 번영에 매우 중요한 역할을 하고 있다고 평가하였다. 이를 위해, 양측은 3국 정상회의를 정점으로 하는 3국 협력체제가 안정적으로 발전해나가야 한다는 데 인식을 같이 하고, 금년 제6차 3국 정상회의가 성공적으로 개최될 수 있도록 공동 노력하기로 하였다.

5-2 동북아 평화협력구상

양측은 아시아 지역이 경제 발전과 상호의존의 확대에도 불구하고 정치·안보 협력은 이에 미치지 못하는 역설적인 현상에 직면하고 있고, 특히 최근에는 역사 및 그로 인한 문제로 역내 국가 간 대립과 불신이 심화되는 불안정한 상황이 지속되고 있는데 대해 우려를 표명하고, 역내 신뢰와 협력의 구축이라는 공통의 목표를 달성하기 위해 노력하기로 합의하였다. 이러한 맥락에서 중국 측은 박근혜 대통령이 제시한 '동북아 평화협력구상'에 대해 적극적으로 평가하고 원칙적으로 지지한다는 입장을 표명하였다.

5-3 지역 및 국제이슈에 대한 협력

양측은 지역의 안보 증진과 공동번영을 위해 함께 노력하기로 하였다. 또한 양측은 국제사회의 안전과 인류의 복지에 새로운 위협이 되고 있는 대량파괴무기 확산, 국제 테러리즘, 사이버범죄, 마약, 해적, 금융 범죄, 하이테크 범죄, 원자력 안전 등 국경을 초월한 각종 범세계적 문제의 해결을 위해 상호 협력을 강화해 나가기로 하였다. 이를 위해 양측은 양국이 지역 및 국제 협력체에서도 아래와 같이 긴밀히 협력해 나가기로 하였다.

첫째, 개방적 지역협력을 더욱 확대해 나갈 필요성에 공감하고, ASEAN + 한·중·일, 동아시아정상회의(EAS), 아세안지역안보포럼(ARF), 아시아태평양경제협력체(APEC), 아시아유럽정상회의(ASEM) 등에서 정책적 조율과 협력을 계속 유지한다.

둘째, 유엔 헌장의 정신을 존중하고 국제사회의 평화와 공동번영, 인권 존중을 위한 업무에 관해 협력을 더욱 긴밀화한다. 2013~14년 한국의 유엔 안보리 비상임이사국 수임을 계기로 양국 간 유엔 차원의 협력을 강화해 나가기로 한다.

셋째, 세계경제의 건실하고 지속가능한 균형성장을 이룩하기 위해 G20을 포함한 국제경제협력체제에서 협력을 더욱 강화해나간다. 또한, 한·중·일 자유무역협정(FTA), 역내 포괄적 경제동반자협정(RCEP) 등 동아시아 자유무역협정 논의 과정에서 긴밀히 협력해 나간다.

■ 출처: 정책 브리핑 홈페이지, [전문] 한·중 미래비전 공동성명 및 부속서(2013년 6월 28일), http://www.korea.kr/policy/diplomacyView.do?newsId=148763302

Ⅳ. 칭화대 연설

【연설문 전문】

박근혜 대통령   _2013년 6월 29일

안녕하세요! 존경하는 천지닝(陳吉寧) 총장님과 교직원 여러분, 그리고 칭화대 학생 여러분, 오늘 중국의 명문 칭화대학의 여러분을 만나게 되어 기쁘게 생각합니다. 칭화대 학생 여러분을 보니, 곡식을 심으면 일년 후에 수확을 하고, 나무를 심으면 십년 후에 결실을 맺지만, 사람을 기르면 백년 후가 든든하다는 중국고전 관자(管子)의 한 구절이 생각납니다.

이곳 칭화대의 교훈이 '자강불식 후덕재물(自强不息 厚德載物)'이라고 알고 있습니다. 그 교훈처럼 쉬지 않고 정진에 힘쓰고, 덕성을 함양한 결과 시진핑 주석을 비롯하여 수많은 정치지도자들을 배출했고, 중국 최초의 노벨상 수상자도 배출했습니다. 앞으로도 여러분의 생각과 열정이 중국의 밝은 내일을 열게 할 것이라 믿습니다. 오늘 이렇게 여러분과 함께 한국과 중국이 열어갈 미래에 대해 이야기할 수 있게 되어 기쁘게 생각합니다.

학생 여러분, 한국과 중국은 수천 년의 역사를 함께 해오면서 다양한 문물과 사상을 교류해왔습니다. 그래서 마음으로 공유하는 것이 많고, 문화적으로도 통하는 데가 많습니다. 한국과 중국이 1992년에 수교한 지 약 20년밖에 되지 않았는데, 우호협력의 발전 속도는 세계적으로 유례가 없을 정도입니다. 그동안 교역액은 무려 40배나 늘었고, 중국과 한국을 오가는 비행기와 선박이 하루에 백 편이 넘습니다. 양국 공히 약 6만 명의 학생들이 서로 유학을 하고 있는데, 이곳 청화대에도 1,400여 명의 한국 학생들이 공부를 하고 있습니다. 많은 한국 국민들은 어려서부터 삼국지와 수호지, 초한지 같은 고전을 책이나 만화를 통해서 접해왔습니다. 그래서 한국인들이 중국에 관광 오게 되면, 마치 잘 아는 곳에 온 것처럼 친근감을 느끼곤 합니다. 저도 오래 전에 소주에 다녀온 적이 있는데, 하늘에는 천당이 있고, 땅에는 소주, 항주가 있다는 말이 정말 맞구나 하는 생각이 들고, 이곳 저곳이 반갑게 느껴졌습니다. 또, 역지사지(易地思之)라든가, 관포지교(管鮑之交), 삼고초려(三顧草廬)같은 중국 고사성어들은 한국 사람들도 일반 생활에서 흔히 쓰는 말입니다.

저는 양국이 불과 20년만에 이렇게 급속도로 가까워질 수 있었던 이유도 바로 이렇게 문화적인 인연이 뿌리깊게 있었기 때문이라고 생각합니다. 이런 공감대야말로 정말 소중한 것 아니겠습니까?

어제 저녁 저는 베이징에서 열린 한중 우정의 콘서트에 다녀왔습니다. 한국의 K-POP 가수들과 중국의 대중가수들이 함께 공연을 했는데, 양국 젊은이들이 문화로 하나가 되는 현장을 보면서 참 반가웠습니다.

저도 개인적으로 중국 선현들의 책과 글을 많이 읽었고, 중국 노래도 좋아하는데, 이렇게 문화를 통해 공감대를 형성하는 것이야말로 진정 마음으로 가까워지고, 친구가 되는 것이라 생각합니다. 학생 여러분, 저는 한중관계가 이제 더욱 성숙하고, 내실있는 동반자 관계로 발전해 가야한다고 생각합니다.

제가 정치를 하면서 가장 중요하게 생각해온 것이 국민의 신뢰인데, 저는 외교 역시 '신뢰외교'를 기조로 삼고 있습니다. 국가 간의 관계도 국민들 간의 신뢰와 지도자들 간의 신뢰가 두터워진다면 더욱 긴밀해질 것입니다. 저와 시진핑 주석은 지난 2005년에 처음 만났습니다. 당시 저장성 당 서기였던 시 주석과 만나 '새마을 운동과 신농촌 운동'을 비롯해서 다양한 양국 현안들에 대해 많은 이야기를 나눌 수 있었습니다.

저는 이번 정상회담을 통해 시 주석과의 깊은 신뢰를 바탕으로 앞으로 더욱 발전적인 대화와 협력을 해 나가려고 합니다. 그래서 지난 20년의 성공적 한중관계를 넘어 새로운 20년을 여는 신뢰의 여정을 시작하고자 합니다. 이틀 전 제가 시 주석과 함께 채택한 '한중 미래비전 공동성명'은 이러한 여정을 위한 청사진이자 로드맵입니다.

현재 두 나라 정부는 무역자유화를 목표로 협상을 진행하고 있습니다. 한중 자유무역협정이 체결될 경우, 양국 경제관계는 더욱 성숙한 단계로 발전할 것이고, 새로운 경제도약을 이뤄가는 토대가될 것입니다. 나아가 동북아의 공동번영과 역내 경제통합을 위한 견인차가 될 것입니다. 또한, 기후변화와 환경 등 글로벌상생을 위한 분야에서도 협력을 강화해 나갈 것입니다

벌써 우리 젊은이들은 자발적인 협력사업을 펼쳐오고 있습니다. 한 예로, '한중 미래숲'이란 민간단체는 양국 젊은이들과 함께 2006년부터 네이멍구 지역 사막에 나무를 심기 시작해서 지금까지 600만 그루를 식수했습니다. 중국 내륙의 사막화를 막아 황사를 줄이기 위한 이러한 노력은 양국의 좋은 협력사례이고, 앞으로 이런 협력 모델을 더욱 확대해 가야 할 것입니다. 또한 양국의 뿌리 깊은 문화적 자산과 역량이 한국에서는 한풍(漢風), 중국에서는 한류(韓流)라는 새로운 문화적 교류로 양국국민들의 마음을 더욱 가깝게 만들고 있는데 앞으로 한국과 중국이 함께, 아름다운 문화의 꽃을 더 활짝 피워서 인류에게 더 큰 행복을 줄 수 있기를 바랍니다.

학생 여러분, 지금 전 세계가 아시아를 주목하고 있습니다. 한국과 중국을 비롯해서 아시아 국가들이 다방면에서 서로 협력을 강화

해 간다면 더욱 큰 시너지효과를 낼 수 있을 것입니다. 하지만 현재 한반도를 포함한 동북아정세는 매우 불안정합니다. 역내 국가 간에 경제적인 상호의존은 확대되는데, 역사와 안보 문제를 둘러싼 갈등과 불신으로 인해 정치, 안보 협력은 그에 미치지 못하고 있습니다. 저는 이것을 '아시아 패러독스' 현상이라고 부르는데, 지금 동북아에는 역내 국가 간에 이러한 현상을 극복하고 평화와 협력을 증진시키기 위한 다자적 메커니즘이 없습니다.

중용에 이르기를 "군자의 도는 멀리 가고자 하면 가까이에서부터 시작해야 하고, 높이 오르고자 하면 낮은 곳에서부터 시작해야 한다"고 했습니다. 국가 간에도 서로의 신뢰를 키우고, 함께 난관을 헤쳐 가며, 결과를 만들어가는 과정이 필요합니다. 저는 동북아 지역도 역내 국가들이 함께 모여서 기후변화와 환경, 재난구조, 원자력안전 문제 같이 함께 할 수 있는 연성 이슈부터 협력을 통해 신뢰를 쌓는 것이 필요하다고 생각합니다. 그래서 점차 정치, 안보분야까지 협력의 범위를 넓혀가는 다자간 대화 프로세스를 마련하는 것이 필요한데, 이러한 신념을 담은 '동북아 평화협력구상'에 대해 이번 한중 정상회담에서도 논의를 했습니다. 저는 앞으로 한국과 중국이 신뢰의 동반자가 되어 '새로운 동북아'를 함께 만들어 나가기를 기대합니다.

칭화대 학생 여러분, 저는 동북아에 진정한 평화와 협력을 가져오려면, 무엇보다 시급한 과제가 '새로운 한반도'를 만드는 것이라 생각합니다. 평화가 정착되고, 남북한 구성원이 자유롭게 왕래하고, 안정되고 풍요로운 아시아를 만드는 데 기여하는 한반도가 제가 그리는 '새로운 한반도'의 모습입니다. 저는 한반도에 진정한 변화를 가져오고 싶습니다. 비록 지금은 남북한이 불신과 대립의 악순환에서 못 벗어나고 있으나, 저는 새로운 남북관계를 만들고, 새로운 한반도를 만들 수 있다고 생각합니다.

그러려면 무엇보다 한반도와 동북아의 평화를 위협하는 북핵 문제를 해결하고, 북한이 국제사회의 책임 있는 일원이 되는 것이 중요합니다. 북한은 핵보유를 용납하지 않겠다는 국제사회의 일치된 목소리에 귀 기울여야 합니다. 경제를 살리기 위해서는 세계와 교류하고, 국제사회의 투자를 받아야 합니다. 하지만 핵개발을 하는 북한에 세계 어느 나라가 투자를 하겠습니까?

그렇기 때문에 북한이 내건 핵무기 개발과 경제건설의 병행 노선은 애당초 불가능한 일이고, 스스로 고립만 자초하는 길이 될 것입니다. 만약 북한이 핵을 버리고, 국제사회의 책임있는 일원이 되는 변화의 길로 들어선다면, 한국은 북한을 적극 도울 것이고, 동북아 전체가 상생하게 될 것입니다. 그렇게 한반도에 평화가 정착되고, 남북한 구성원이 자유롭게 왕래할 수 있게 된다면, 동북 3성 개발을 비롯해서 중국의 번영에도 도움이 될 것입니다.

그리고 북한 문제로 인한 지정학적 리스크가 사라진 동북아 지역은 풍부한 노동력과 세계 최고의 자본과 기술을 결합하여 세계 경제를 견인하는 '지구촌의 성장 엔진'이 될 것입니다. 여러분들의 삶에도 보다 역동적이고 많은 성공 기회를 제공할 것입니다. 한국과 중국의 젊은이 여러분이 이 원대한 미래를 함께 만들어 가야 합니다.

이 자리에 계신 칭화인 여러분이 그런 '새로운 한반도', '새로운 동북아'를 만드는 데 동반자가 되어 주시기 바랍니다. 학생 여러분, 한국과 중국의 강물은 하나의 바다에서 만납니다. 중국의 강은 서쪽에서 동쪽으로 흐르고, 한국의 강은 동쪽에서 서쪽으로 흐릅니다. 그리고 서해 바다에서 만나 하나가 됩니다. 지금 중국은 시진핑 주석의 지도아래, 중국의 꿈(中國夢)을 향해 힘차게 전진해 나가고 있습니다. 한국도 국민 행복시대와 인류평화에 기여하는 한반도라는 한국의 꿈(韓國夢)을 향해 나아가고 있습니다.

한국과 중국은 국민 행복, 인민 행복이라는 목적지를 향해 함께 전진하고 있는 것입니다. 두 나라의 강물이 하나의 바다에서 만나듯이, 중국의 꿈(中國夢)과 한국의 꿈(韓國夢)은 하나로 연결되어 있습니다. 저는 한국의 꿈과 중국의 꿈이 함께 한다면, 새로운 동북아의 꿈을 이룰 수 있다고 확신합니다. 한국과 중국이 함께 꾸는 꿈은 아름답고, 한국과 중국이 함께하는 미래는 밝을 것입니다.

학생 여러분 젊은 여러분의 삶에는 앞으로 많은 시련과 어려움이 있을지 모릅니다. 저에게도 힘들고 고통스러웠던 젊은 시절이 있었습니다. 저의 꿈은 전자공학을 전공해서 나라의 산업역군이 되겠다는 것이었는데, 어머니를 여의면서 인생의 행로가 바뀌었고, 아버님을 여의면서 한없는 고통과 시련을 겪었습니다. 그 힘든 시간을 이겨내기 위해 저는 많은 철학서적과 고전을 읽으면서 좋은 글귀는 노트에 적어두고 늘 들여다보았습니다.

그러면서 고통을 이겨내고 마음의 평화를 되찾을 수 있었고, 인생을 살아가는 데 중요한 가치를 찾을 수 있었습니다. 그중에 기억에 남는 글귀 중 하나가 제갈량이 아들에게 보낸 배움과 수신에 관한 글입니다. "마음이 담박하지 않으면 뜻을 밝힐 수 없고, 마음이 안정되어 있지 않으면 원대한 이상을 이룰 수 없다" 그 내용이 가슴에 와 닿았습니다. 인생의 어려운 시기를 헤쳐가면서, 제가 깨우친 게 있다면 인생이란 살고 가면 결국 한 줌의 흙이 되고, 100년을 살다가도 긴 역사의 흐름 속에서 보면 결국 한 점에 불과하다는 것이었습니다. 그러므로 바르고 진실되게 사는 것이 중요하다는 것입니다. 아무리 시련을 겪더라도 고난을 벗 삼고, 진실을 등대삼아 나아간다면, 결국 절망도 나를 단련시킨다는 것입니다.

여러분, 어떤 어려움이 있더라도 굴하지 말고, 하루하루를 꿈으로 채워 가면서 더 큰 미래, 더 넓은 세계를 향해 용기 있게 나아가기 바랍니다. 마지막으로 중국과 한국의 젊은이들이 앞으로 문화와 인문교류를 통해서 더 가까운 나라로 발전하게 되기를 바라면서, 여러분의 미래가 밝아지기를 기원합니다. 감사합니다.

■ 출처: 청와대 홈페이지, [2013 중국국빈방문] 박근혜 대통령 칭화대학교 연설(2013년 7월 2일), http://www.president.go.kr/policy/overseasTrip/trip02.php?tab_no=d&tp=&search_key=&search_value=&search_cate_code=&cur_year=&cur_month=&cur_day=&meta_code=&view_type=&no=&cur_page_no=1&req_uno=15

V. 국립외교원 50주년 기념 글로벌 컨퍼런스 축사

박근혜 대통령　_2013년 11월 14일

존경하는 내외귀빈 여러분,

오늘날 세계질서의 격동기 속에서 동북아의 평화·안정이 어느 때보다 중요한 시점에, 동북아의 평화협력을 논의하기 위해 참석하신 여러분을 뵙게 되어 반갑습니다. 특히 지난 반세기 동안 한국 외교정책의 산실 역할을 해 준 국립외교원 50주년을 기념해서 동북아 평화협력구상에 관한 국제회의가 개최되어 더욱 의미있게 생각합니다.

국립외교원은 과거 냉전시기에는 북방외교라는 새로운 돌파구를 마련하는데 공헌했고, 세계 유수의 연구기관들과 다양한 전략대화 채널을 통해 한반도는 물론 국제이슈들에 대한 지혜를 모아왔습니다. 최근에는 한·미·중 전략대화를 처음으로 개최하기도 했습니다. 많은 외교 전략가들이 이곳에서 배출되었고, 나라를 위해 험지에서 일해 온 수많은 외교관들이 땀을 흘리며 훈련받았습니다. 한

마디로 정예 외교관의 산실이었습니다. 국립외교원 50주년을 기념해서 열리는 오늘 이 회의가 새로운 평화와 번영의 시대를 여는 소중한 출발점이 되기를 기대합니다.

내외귀빈 여러분,

한반도는 외교안보 측면에서 세계에서 가장 어려운 지정학적 조건을 갖고 있는 나라 중 하나라는 평가를 받아왔습니다. 그러나 저는 이런 한국의 지정학적 조건을 새로운 미래를 열어가는 방향으로 변화시킬 수 있다면 평화와 번영의 좋은 조건이 될 수 있다고 생각합니다. 한반도는 유라시아 대륙과 아시아태평양이 만나는 교차점의 요충지이기 때문입니다. 이미 한국은 국토 분단과 지정학적 불리함을 딛고 교역량 1조 달러가 넘는 세계 8대 교역국가로 부상했습니다. 한국이 속한 동북아는 19세기 말 20세기 전반의 전쟁과 빈곤의 땅에서 오늘날 세계에서 가장 역동적이고, 세계의 성장을 이끄는 지역으로 부상하고 있습니다. 가까운 장래에 세계 최대의 경제권으로 부상할 수 있는 잠재력도 갖고 있습니다. 앞으로 동북아시아를 EU와 같은 공동시장으로 만들 수 있다면 우리에게 엄청난 기회를 가져다 줄 것입니다. 동북아 국가간의 평화협력이 얼마나 큰 잠재력을 갖고 있는지 또 세계를 위해서도 얼마나 중요한지 우리는 잘 알고 있습니다.

그러나 엄청난 잠재력에도 불구하고 동북아의 정치안보적 현실은 역내통합을 뒷받침하기보다는 걸림돌이 되고 있습니다. 지금 이 순간에도 역내에서는 긴장이 멈추지 않고 있습니다. 군사적 충돌의 위험성도 상존합니다. 먼저 한반도의 분단이 70년 가까이 지속되는 가운데, 북한은 핵개발을 계속하며 긴장을 유발하고 있습니다. 역내 국가 간 역사관의 괴리로 인한 불신과 일부 영토 문제를 둘러싼 갈등과 충돌의 소지도 커지고 있습니다. 이는 분명 아시아적 패러독스인 상황입니다. 우리는 이 시점에서 잠재적인 위기 상황을 극복하고 동북아를 신뢰와 협력의 장으로 만들어내야 합니다. 지난 반세기 동안 역내 국가들이 모든 노력과 정성을 다해 오늘의 번영을 이루어낸 것을 기억한다면, 우리에게 주어진 기회를 대립과 불신으로 인해 놓치는 일이 있어서는 안 될 것입니다. 유럽은 근대사에서 여러 차례 큰 전쟁을 한 아픈 과거가 있었지만, 자성과 공존의식을 갖고 석탄과 철강으로 교류를 시작했고, 그것이 오늘날 EU의 기초가 되었습니다. 냉전시대에 동서 양 진영은 OSCE 과정을 통해서, 대결과 긴장을 완화하고 협력의 공간을 확대했습니다. 이런 유럽의 경험은 동북아에 사는 우리들에게 많은 시사점을 갖게 합니다.

저는 새 정부 출범을 계기로 동북아를 신뢰와 협력의 장으로 바

꾸기 위한 동북아 평화협력구상을 제창한 바 있습니다. 제가 제안해온 동북아 평화협력구상은 역내 국가들이 작지만 의미있는 협력부터 시작하여 서로 믿을 수 있는 관행을 축적하고 이러한 협력의 관행을 확산시켜 불신과 대립을 완화하자는 것입니다. 핵안전을 비롯해, 기후변화와 자연재해, 사이버협력, 자금세탁방지 등 연성이슈부터 시작해 대화와 협력을 축적해 점차 그 범위를 넓혀가자는 것입니다. 이러한 과정이 진전됨에 따라 궁극적으로는 유럽의 경험처럼, 가장 민감한 사안들도 논의할 수 있는 시점이 올 수 있다고 확신합니다. 지난 9개월 동안 많은 국가 정상들로부터 환영 표명 등 적지 않은 국제적 지지를 얻는 성과가 있었습니다. 이제 동북아의 평화번영과 협력을 위해 여러분께서도 적극적으로 나서주실 것을 부탁드립니다. 저는 동북아 평화협력을 위해 먼저 역내 국가들이 동북아 미래에 대한 인식을 공유해야 한다고 생각합니다. 목적을 공유하지 않으면 작은 차이도 극복할 수 없습니다. 그러나 목적이 같으면 그 차이는 극복할 수 있습니다. 독일과 프랑스, 독일과 폴란드가 했던 것처럼 동북아 공동의 역사교과서를 발간함으로써 동서유럽이 그랬던 것처럼 협력과 대화의 관행을 쌓아갈 수도 있을 것입니다. 갈등과 불신의 근원인 역사문제의 벽을 허물 날이 올지 모릅니다. 여러분께서 머리를 맞대고 바람직한 동북아의 미래상에 대한 청사진을 만들고, 공유할 수 있도록 해 주시기 바랍니다.

그리고 동북아 평화협력을 위해 동북아는 활짝 열린 개방된 공간이 되어야 한다고 생각합니다. 동북아만의 리그가 아니며 세계 속의 동북아가 되어야 합니다. 세계와 함께 땀 흘리고 세계의 평화와 발전에 기여하는 동북아가 되어야 합니다. 그것은 동북아가 지속 성장해나가는 비결이기도 할 것입니다. 또한, 동북아의 갈등과 대립은 어디까지나 평화적인 방법으로 해결되어야 할 것입니다. 20세기 중반까지 있었던 바와 같이 군사적 수단이 동원되는 일이 이 지역에서 다시는 있어서는 안 될 것입니다. 우리는 서로의 정책의 도를 투명하게 하고, 국가간에 신뢰를 조성하는 다양한 조치들을 통해 군사적 분쟁의 발생 가능성을 예방해야 할 것입니다. 그렇게 동북아의 축적된 협력 문화는 당면한 북핵 문제를 포함한 안보위협을 해결하는 데 중요한 동인이 될 것으로 믿습니다.

내외귀빈 여러분,

지금 이 자리에는 많은 우리 젊은이들이 참석하고 있습니다. 우리가 아시아 패러독스를 해소함으로써 동아시아의 잠재력이 실현될 수 있도록 만든다면, 청년들에게 훨씬 더 많은 기회가 열리게 될 것입니다. 우리 젊은이들이 국경을 넘어 서로 왕래하며 세계의 성장과 문화융성에 마음껏 기여하게 될 것입니다. 제가 대통령으로서 이 시대에 이루고자 하는 꿈은 바로 그렇게 동북아 평화협력지대를 이루고, 유라시아와 태평양 지역의 연계 협력을 이루는 것입니다. 아태지역의 공동체인 APEC과 아시아유럽공동체인 ASEM도 연결되어 새로운 경제협력의 구도가 창출될 수도 있을 것입니다. 이번 국립외교원에서 개최되는 글로벌 컨퍼런스가 동북아의 평화와 협력을 위한 지혜를 모으고 새로운 미래를 여는 소중한 계기가 되기를 바랍니다.

감사합니다.

■ 출처: 청와대 홈페이지, 국립외교원 50주년 기념 글로벌 컨퍼런스 축사 전문(2013년 11월 14일), http://www1.president.go.kr/president/speech.php?srh%5Bpage%5D=2&srh%5Bview_mode%5D=detail&srh%5Bseq%5D=62&srh%5Bdetail_no%5D=55

국제기구의 종류

- AMM (ASEAN Ministerial Meeting): 아세안외무장관회담
- APEC (Asia-Pacific Economic Cooperation): 아시아태평양경제협력체
- ARF (ASEAN Regional Forum): 아세안지역포럼
- ARF-SOM (ARF Senior Officials Meeting): 아세안지역포럼 고위관리회의
- ASEAN (Association of South-East Asian Nations): 동남아시아 국가연합
- ASEM (Asia-Europe Meeting): 아시아유럽정상회의
- Consultative Conference for Peace in Northeast Asia: 동북아 평화협의회
- CSCAP (Council for Security Cooperation in the Asia Pacific): 아·태안보협력이사회
- CSCE (Conference on Security and Cooperation in Europe): 유럽안보협력회의
- EAS (East Asia Summit): 동아시아정상회의
- FTA (Free Trade Agreement): 자유무역협정
- GGGI (Global Green Growth Institute): 글로벌녹색성장연구소
- HLF-4 (Fourth High Level Forum on Aid Effectiveness): 부산 세계개발원조총회
- KEDO (Korean Peninsula Energy Development Organization): 한반도에너지개발기구
- NATO (North Atlantic Treaty Organization): 북대서양조약기구
- NEACD (Northeast Asia Cooperation Dialogue): 동북아협력대화

- NEASED (Northeast Asia Security Dialogue): 동북아안보대화
- Northeast Peace and Cooperation Organization: 동북아 평화협력기구
- Northeast Peace and Cooperation Summit: 동북아 평화협력 정상회의
- NPT (Nuclear Non-Proliferation Treaty): 핵확산금지조약
- NSS (Nuclear Security Summit): 핵안보정상회의
- OSCE (Organization for Security and Cooperation in Europe): 유럽안보협력기구
- PMC (Post-Ministerial Conferences): 확대장관회의
- PDC (Pacific Disaster Center): 태평양재해센터
- SCO (Shanghai Cooperation Organization): 상하이협력기구
- SPC (Security Policy Conference): 안보정책회의
- TCS (Trilateral Cooperation Secretariat): 한중일 협력사무국
- TPP (Trans-Pacific Partnership): 환태평양경제동반자협정
- Tripartite Environment Ministers Meeting: 한중일 환경장관회의
- UNFPA (UN Fund for Population Activities): 유엔인구활동기금
- UNISDR (UN International Strategy for Disaster Reduction): 유엔국제재해경감전략기구
- WTO (World Trade Organization): 세계무역기구
- WTO (Warsaw Treaty Organization): 바르샤바조약기구

색인

필자 및 도움주신 분들

┃진창수 세종연구소 일본연구센터장
　The University of Tokyo 정치학 박사

┃이정민 연세대학교 교수, 국가안보대사
　Fletcher School of Law and Diplomacy, Tufts University 정치학 박사

┃최 강 아산정책연구원 부원장
　Ohio State University 정치학 박사

┃유현석 경희대학교 교수, 한국국제교류재단 이사장
　Northwestern University 정치학 박사

┃이상현 세종연구소 안보전략실장
　University of Illinois at Urbana-Champaign 정치학 박사

┃전성훈 통일연구원 원장
　University of Waterloo 경영학 박사

┃한석희 연세대학교 국제대학원 교수, 동아시아 연구원 중국센터장
　The Fletcher School of Law and Diplomacy, Tufts University 정치학 박사

┃권원순 한국외국어대학교 경제학부 교수
　Moscow State Institute of International Relations,
　MGIMO-University 비교경제 박사

┃박인휘 이화여자대학교 국제학부 교수
　Northwestern University 정치학 박사

【도움주신 분들】 (가나다 순)

강인선 • 조선일보 국제부 기자
김중호 • 수출입은행 선임연구원
김태호 • 한림대학교 국제대학원 교수
문승현 • 외교부 북미국장
박재적 • 통일연구원 연구위원
박종철 • 통일연구원 선임연구위원
박준용 • 외교부 동북아 국장
서동주 • 국가안보전략연구소 책임연구위원
서보혁 • 서울대학교 통일평화연구원 교수
션딩리 • 후단대학교 교수
신범철 • 외교부 정책기획관
안드레이 란코브 • 국민대학교 교수
엄태암 • 한국국방연구원 책임연구위원
윤덕민 • 국립외교원 원장
이 근 • 서울대학교 국제대학원 교수
이상덕 • 외교부 동북아국 심의관
이숙종 • 동아시아연구원 원장
이신화 • 고려대학교 정치외교학과 교수
전재성 • 서울대학교 정치외교학부 교수
조양현 • 국립외교원 교수
존 엔디컷 • 우송대학교 총장
차두현 • 한국국제교류재단 교류협력이사
최대석 • 이화여자대학교 통일학연구원 원장
하코다테츠야 • 아사히신문 서울지국장
하태원 • 동아일보 논설위원
홍용표 • 청와대 통일비서관